# Belichtung
# und
# Filmentwicklung

Dr. Otto Beyer

# Belichtung und Filmentwicklung

in der Schwarz-Weiß-Fotografie

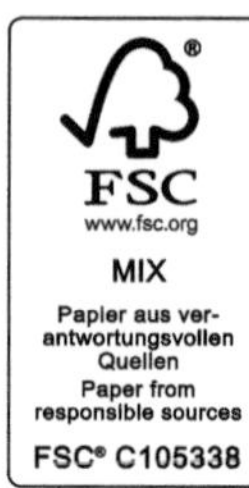


*Bibliografische Information der Deutschen Nationalbibliothek:*
*Die Deutsche Nationalbibliothek verzeichnet diese Publikation in der Deutschen Nationalbibliografie; detaillierte bibliografische Daten sind im Internet über http://dnb.dnb.de abrufbar.*



*Herstellung und Verlag: BoD – Books on Demand, Norderstedt*

*ISBN: 978-3-7357-2008-5*

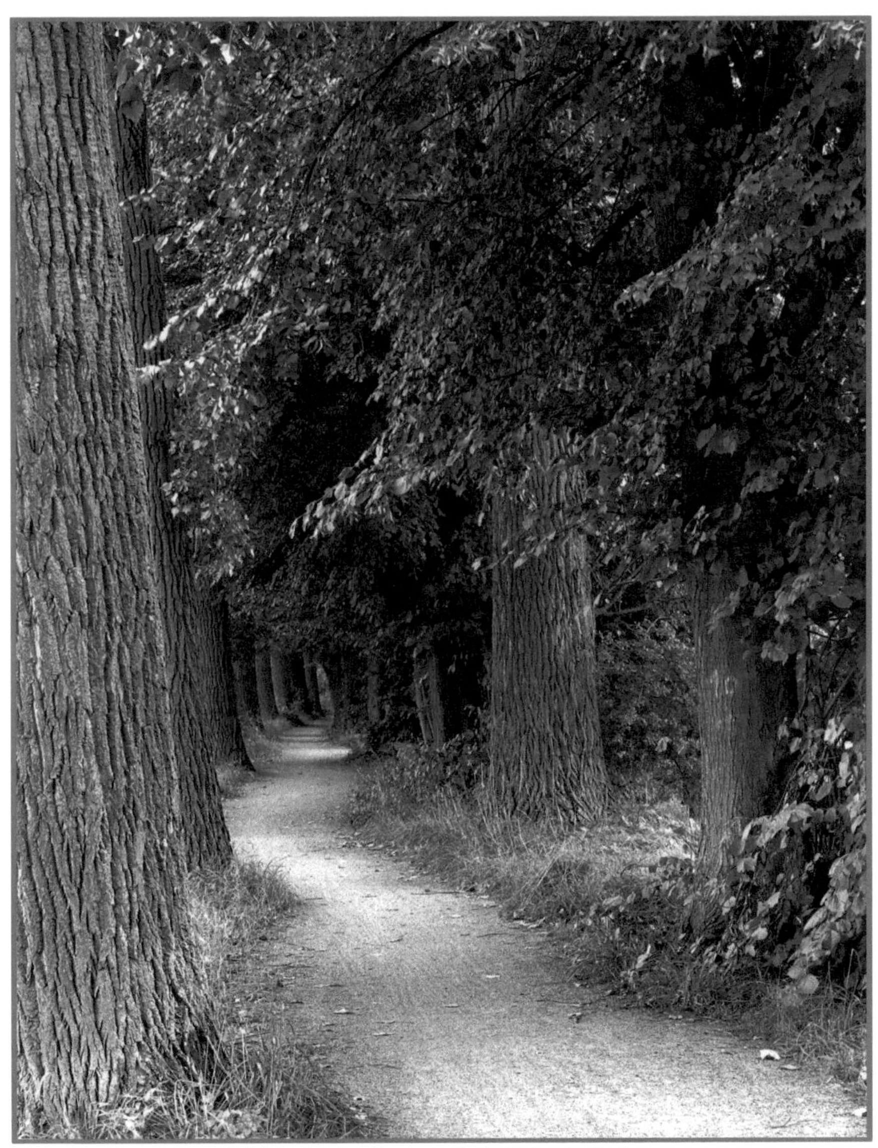

**Bild 1: Mainuferweg bei Klein-Auheim**

## Vorwort

Zu den Themen Filmentwicklung, Filmbelichtung und Zonensystem gibt es eine Reihe von, meist älteren, recht guten Büchern. Im Laufe der Zeit haben sich die Begriffe des Zonensystems durchgesetzt und werden in der praktischen SW-Fotografie allgemein verwendet, auch wenn das Zonensystem im engeren Sinne gar nicht zur Anwendung kommt.

In einem ersten Schritt wird gezeigt, wie für Kleinbild- und Rollfilm in Abhängigkeit vom Entwickler die effektive Filmempfindlichkeit und die passende Entwicklungszeit ermittelt werden. Auch werden Hinweise gegeben, wie man bei schwierigen Kontrastverhältnissen durch eine angepasste Dunkelkammerarbeit doch noch zu "feinen" Bildern kommen kann.

Durch die verschiedenen Anleitungen zum Zonensystem haben wir gelernt, dass der wechselnde Motivkontrast durch eine kontrastangepasste Filmentwicklung in den Griff zu bekommen ist. Die dabei nötigen verschiedenen Entwicklungszeiten und die zugehörigen effektiven Filmempfindlichkeiten werden in einem zweiten Schritt durch das erweiterte Eintesten der verwendeten Film- / Entwicklerkombination ermittelt.

Die zusätzlich nötigen Belichtungskorrekturen für die ermittelten effektiven Filmempfindlichkeiten sind der Knackpunkt bei der Anwendung des Zonensystems. In den Büchern von Ansel Adams bleiben diese wichtigen Korrekturen einfach unberücksichtigt aber es werden klar definierte Begriffe eingeführt, die sich durchgesetzt haben. Ganz am Ende des Buches "Das Negativ" [1] wird erwähnt, dass man bei N-1 und N-2 Entwicklungen zusätzlich Belichtungszugaben machen sollte. In verschiedenen späteren Büchern anderer Autoren werden für diese Belichtungskorrekturen empirische Werte angegeben. Empirische Werte zu ermitteln, widerspricht eigentlich dem Ansatz des Zonensystems, da hierdurch der Testaufwand drastisch ansteigt und damit die Vorteile des systematischen Ansatzes komplett verloren gehen.

Um aus diesem Dilemma heraus zu kommen, gab es bisher verschiedene Lösungsansätze. Diese Ansätze verändern teilweise die ursprünglichen von Ansel Adams eingeführten Begrifflichkeiten oder führen kontrastabhängige Skalierungen der Zonen im Motiv ein.

Im Rahmen der klassischen Begrifflichkeiten hat Phil Davis (Beyond the Zone System - BTZS, verschiedene Auflagen mit teilweise verbesserten Verfahren) das Zonensystem weiterentwickelt [2]. Allerdings eignen sich diese Beschreibungen weniger für ein Selbststudium des Zonensystems sondern sind vielmehr Begleitbücher zu seinen Kursen oder Softwareprodukten.

In diesem Buch werden, ausgehend von allgemeinen Prinzipien, wohl zum ersten Male, die im klassischen Zonensystem notwendigen Belichtungskorrekturen systematisch abgeleitet. Das Buch ist so gestaltet, dass im Selbststudium schrittweise das nötige Knowhow aufgebaut werden kann, um seine SW-Filme richtig zu belichten und zu entwickeln. Damit wird es für fortgeschrittene Fotografen nun möglich, mit einer geringen Zahl von Testentwicklungen alle Parameter von der N-2 bis N+2 - Entwicklung zu ermitteln. Dabei wird die heute übliche moderne Tabellenkalkulation eingesetzt; auf Millimeterpapier und Kurvenlineal wird verzichtet. Die gefürchteten Testorgien gehören damit endgültig der Vergangenheit an.

Im abschließenden dritten Teil werden Ideen zur weiteren Optimierung der Bildergebnisse diskutiert.

# Inhalt

# Teil 1: Eintesten und Filmbelichtung

## 1 Einleitung

Dieses Buch richtet sich an alle Fotobegeisterten, die klassische Schwarz-Weiß-Filme als Ausgangsmaterial für ihre Bilder gewählt haben. Gelungene Schwarz-Weiß-Negative kann man sowohl als Basis für die Dunkelkammerarbeit als auch als Ausgangspunkt für eine hybride Verarbeitung wählen.

Viele glauben, dass ein hervorragender Print hauptsächlich auf eine exzellente Printtechnik zurückzuführen ist. Aber noch wichtiger für die endgültige, hohe Qualität eines Prints sind Belichtung und Entwicklung des Films. Selbst die Aufnahme eines Motivs mit verschiedenen Belichtungszeiten allein garantiert kein exzellentes Negativ und erhöht meist nur den Aufwand. Und erst ein exzellentes Negativ bietet uns die Möglichkeit, gelungen Abzüge auszuarbeiten.

Der Schwerpunkt hier liegt auf dem systematischen Eintesten der Filmentwicklung und dem Erarbeiten von Regeln für eine richtige Belichtung. An praxisorientierten Beispielen wird exemplarisch gezeigt, wie die Methoden arbeiten und es werden Hinweise gegeben, wie die Methoden an individuelle Vorgaben angepasst werden können.

Für den engagierten Schwarz-Weiß Fotografen gibt es zwei große Herausforderungen:

1. Korrekte Belichtung des Films und

2. Richtige Filmentwicklungszeit

Diese beiden Parameter sind entscheidend für die Zeichnung und den "richtigen" Kontrastumfang im Negativ. Ein gut zu vergrößerndes Negativ zeigt in den Schatten und Lichtern deutliche Zeichnung selbst dann, wenn das Motiv geringen oder hohen Kontrast aufweist.

Gerade im Bereich der Landschaftsfotografie mit den wetterabhängig wechselnden Kontrastumfängen eines Motivs benötigt der engagierte Fotograf einfache und klare Regeln, um seine Filme richtig zu belichten und zu entwickeln. Die kontrastangepasste Belichtung und eine Entwicklung nach dem Zonensystem führen da zum Erfolg.

Auch wenn man seine Betrachtungen nur auf den "normalen" Kontrastumfang eines Motivs beschränkt, gibt es unter den SW-Fotografen regelmäßig Diskussionen über die "richtige" Filmentwicklungszeit. Besonders gut kann man das in den verschiedenen Foren verfolgen. Selbst für ein und dieselbe Film- / Entwicklerkombination werden oft von Herstellern und verschiedenen Fotografen merklich unterschiedliche Entwicklungszeiten angegeben. Auch wenn sorgfältig gearbeitet wird und man berücksichtigt, dass z. B. unterschiedlich kräftig gekippt wird und Thermometer eine gewisse Toleranz haben, bleiben immer noch scheinbar nicht erklärliche Widersprüche zurück. Das gilt im besonderen Maße für die festgestellte Filmempfindlichkeit. Gerade Neueinsteiger werden dadurch verwirrt und suchen eine Antwort im mehrfachen Wechsel von Film- / Entwicklerkombinationen. Nur der Zufall kann dann zu halbwegs befriedigenden Ergebnissen führen. Warum erst ein systematisches Eintesten nach klaren Regeln zum sicheren Erfolg führt, soll im Folgenden erläutert werden.

Wir beschäftigen uns dazu in einem ersten Schritt mit den allgemeinen Anforderungen an ein gut kopierbares Negativ, gelangen dann über ausgewählte physikalische Grundlagen zum systematischen Eintesten der Filmentwicklung. Nachdem wir auf diesem Wege unseren Erfahrungsschatz erweitert haben, leiten wir daraus wichtige Regeln für eine praxisgerechte Belichtung eines Schwarz-Weiß-Negativfilms her.

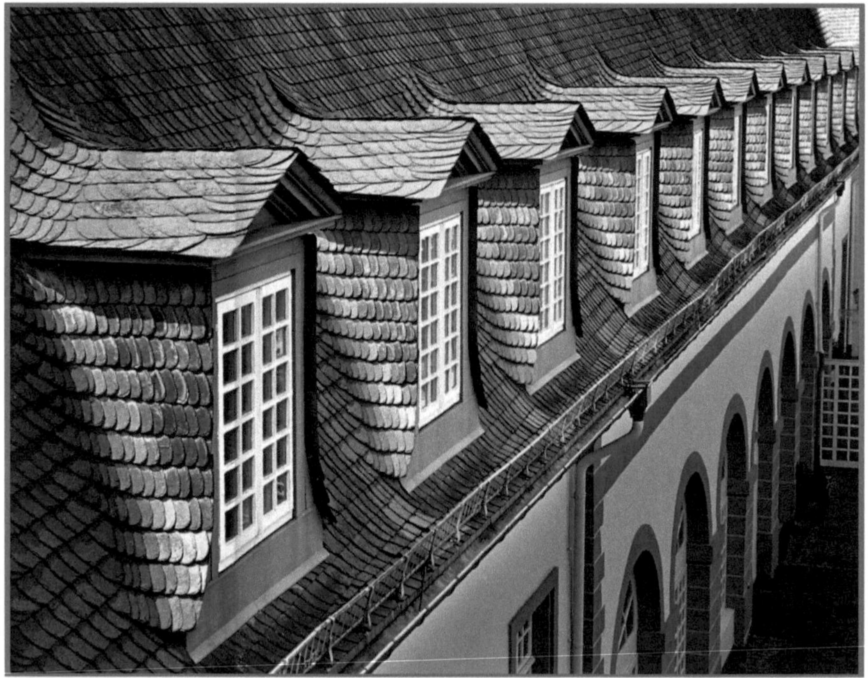

**Bild 2: Mansardendach**

# 2 Warum sind Belichtung und Filmentwicklung so wichtig?

Der entwickelte Film ist nur ein Zwischenprodukt auf dem Wege zum feinen Bild. Hinzu kommt, dass sich ein Negativ meist nur schwer beurteilen lässt. Erst mit einer gehörigen Portion Erfahrung lässt sich ein Negativ mit der Lupe auf dem Leuchtkasten sicher bewerten. Daher lässt sich Anfängern oft nur schwer vermitteln, wie wichtig Belichtung und Filmentwicklung in der Verarbeitungskette von der Aufnahme zum perfekten Bild sind und worauf besonders zu achten ist.

Jeder, der überzeugende Prints anstrebt, sollte sich mit den speziellen Eigenschaften von Vergrößerungspapier vertraut machen. Anders als bei der Farbverarbeitung hat der Schwarz-Weiß Fotograf beim Vergrößerungspapier die Wahl zwischen verschiedenen Härtegraden. Durch die heute allgemein übliche Variokontrast- oder Multigrade-Technik lässt sich die Härte oder Gradation eines Vergrößerungspapiers stufenlos an den Negativkontrast anpassen. Ist der Negativkontrast hoch bezeichnet man ein Negativ als hart, ist er gering wird das Negativ weich genannt. Mit der Papiergradation werden motivabhängige Abweichungen im Negativkontrast kompensiert. Es gilt die Faustregel:

**Harte Negative => weiches Papier**
**Weiche Negative => hartes Papier**

Die Härte oder Gradation eines Papiers wird üblicherweise auf der Skala von 00 bis 5 angegeben. Schauen wir doch einmal in ein Datenblatt eines gebräuchlichen Vergrößerungspapiers wie z. B. dem Ilford Multigrade IV FB.

Dort finden wir die folgenden Angaben:

| Härte/Filter | 00 | 0 | 1 | 2 | 3 | 4 | 5 |
|---|---|---|---|---|---|---|---|
| ISO-Umfang | R 170 | R 150 | R 130 | R 100 | R 80 | R 60 | R 40 |

**Tabelle 1: Kopierumfang (ISO-Range) für das Papier Ilford Multigrade IV FB**

Der Zahlenwert für die Härte oder Gradation des Papiers nimmt mit wachsender Härte zu. D. h., wenn man mit Filter 3 vergrößert, erhält man ein härteres, kontrastreicheres Bild, als wenn man dasselbe Negativ mit Filter 2 vergrößert. Über spezielle VC-Köpfe am Vergrößerer lässt sich die Filterung auch stufenlos einstellen (VC – Variokontrast).

Was können wir nun aus dieser schlichten Tabelle 1 alles herauslesen?

Als Erstes fällt sogleich auf, dass die Härte 2 genau in der Mitte liegt. Diese wichtige Feststellung bedeutet für uns nun: Wenn wir die Belichtung des Films und seine Entwicklung so vornehmen, dass wir die meisten Negative mit Filter 2 vergrößern können, haben wir in jede Richtung genügen Spielraum, um motivabhängige Abweichungen zu kompensieren.

Für die normale fotografische Nutzung scheiden die extremen Gradationen 00 und 5 in der Regel aus und selbst die Gradationen 0 und 4 ergeben meist keine erstklassigen Abzüge. Auch gilt zu beachten, dass die Gradationsabstufungen bei anderen Papierherstellern etwas anders ausfallen können. Schauen Sie dazu in das Datenblatt Ihres bevorzugten Papiers.

Für eine weitere Auswertung von Tabelle 1 müssen wir jetzt ein kleinwenig rechnen. Die R-Werte lassen sich ganz einfach in Dichtewerte umrechnen:

**R-Wert geteilt durch 100 ergibt den Kopierumfang in Dichtewerten**

Ein Beispiel für Gradation 2 ist es besonders einfach:

**Kopierumfang in Dichtewerten = (100/100) = 1,00**

D. h., unter optimalen Bedingungen lässt sich bei dem genannten Papier bei Gradation 2 ein Negativ mit einem Dichteunterschied (lgD) zwischen der hellsten und der dunkelsten bildwichtigen Stelle von etwa 1,00 mit voller Zeichnung printen.

Hier zum Vergleich noch der Kopierumfang von zwei anderen Papieren.

| **Härte / Filter** | 0 | 1 | 2 | 3 | 4 | 5 |
|---|---|---|---|---|---|---|
| **ISO-Umfang** | R 140 | R 120 | R 100 | R 85 | R 70 | R 55 |

**Tabelle 2: Kopierumfang (ISO-Range) für das Papier ADOX MCC 110 (glänzend FB)**

| **Härte / Filter** | 00 | 0 | 1 | 2 | 3 | 4 | 5 |
|---|---|---|---|---|---|---|---|
| **ISO-Umfang** | R 160 | R 130 | R 110 | R 90 | R 70 | R 60 | R 50 |

**Tabelle 3: Kopierumfang (ISO-Range) für das Papier FOMABROM VARIANT III (Ilford Filter)**

Ein Papier mit einem höheren Kopierumfang ist nicht automatisch besser als ein Papier mit niedrigerem Kopierumfang. Wenn man zu den außen liegenden Gradationen kommt, kann sich nämlich der Bildton verändern. Hinzu kommt, dass man mit glänzendem Papier generell einen höheren Kopierumfang erzielt als mit mattem Papier. Weiterhin hängt das Ergebnis vom verwendeten Papierentwickler und dessen Erschöpfungsgrad ab. Auch die verwendeten Filter und deren Zustand beeinflussen den erzielbaren Kopierumfang.

**Faustregel:** Für einen hochwertigen Abzug sollte bei einem Negativ zwischen der hellsten und der dunkelsten bildwichtigen Stelle ein **Dichteunterschied von 0,85 bis 1,15** liegen. Damit lassen sich dann die Negative auf Papiere, relativ unabhängig vom Hersteller, problemlos vergrößern.

Das bedeutet für uns, dass wir durch geeignete Belichtung und Entwicklung des Films Negative erhalten wollen, die den in der Faustregel genannten Zielkorridor für die Dichte treffen.

Negative, die von den Dichtewerten der Faustregel abweichen, lassen sich zwar gelegentlich mit besonderen Maßnahmen in der Dunkelkammer noch vernünftig vergrößern, aber dann ist ein deutlich erhöhter Arbeitsaufwand unabdingbar.

Was dabei die Größe "Dichte" in der Praxis bedeutet und wie man sie messen kann, werden wir in den nächsten Abschnitten erfahren.

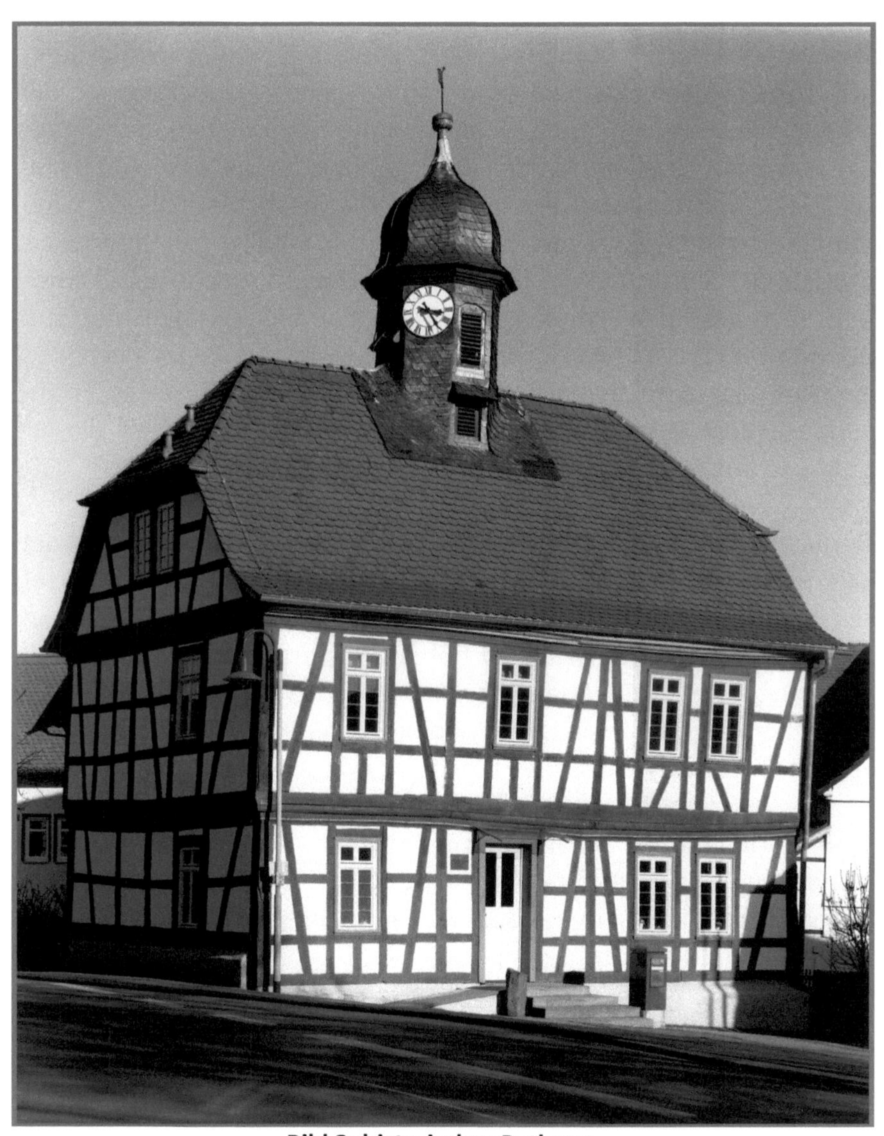

**Bild 3: historisches Rathaus**

## 3 Filmentwicklung - das klassische Verfahren

Dem interessierten Anhänger der Schwarz-Weiß-Fotografie stellt sich früher oder später die Frage, ob das Selbstentwickeln und die eigene Weiterverarbeitung nicht doch die befriedigenderen Ergebnisse bringen. Das war in der Vergangenheit für viele der Anlass, in die Selbstverarbeitung einzusteigen. Die nächsten Schritte sind dann neben dem Kauf von Filmen auch der Erwerb von Entwickler, Stoppbad, Fixierer und der für die Entwicklung notwendigen Utensilien. Jetzt wird der Film nach den Herstellerangaben belichtet und verarbeitet. Die Entwicklung erfolgt dann in der Regel nach den Angaben auf dem Beipackzettel des Entwicklers. Die erste Erfahrung ist, dass das Ergebnis meist jetzt schon besser ist als die Ergebnisse aus einem üblichen Labor mit Massenverarbeitung.

Beflügelt durch dieses erste Erfolgserlebnis sucht man über kurz oder lang nach weiteren Verbesserungsmöglichkeiten. Jetzt startet der Kreislauf zur Optimierung der Bildergebnisse. Benötigt man beim Vergrößern überwiegend höhere Papiergradationen als Nr. 3 (Negative zu weich), verlängert man die Filmentwicklungszeit. Werden überwiegend Papiergradationen kleiner als Nr. 2 eingesetzt (Negative zu hart), muss die Filmentwicklungszeit verkürzt werden.

Sind im Negativ die Schatten ohne Struktur, muss der Belichtungsmesser bei der Aufnahme nach niedrigeren Empfindlichkeiten hin korrigiert werden; sind die Schatten zu dicht, erfolgt die Korrektur in die andere Richtung.

Auf diese Weise arbeitet man sich auf eine Film- / Entwicklerkombination ein. Ausgangspunkt dabei war die Annahme, dass die jeweiligen Herstellerangaben brauchbare Startwerte liefern (dies ist auch meist der Fall). Der Vorteil dieses Vorgehens ist, dass man keine spezialisierten Messgeräte benötigt, seine Materialien recht gut kennenlernt und Erfahrungen sammelt. Der Nachteil ist, dass man, entsprechend der eigenen Lernkurve, einige Durchläufe benötigt, um ein zufriedenstellendes Qualitätsniveau zu erreichen. Und dann bleibt natürlich die Unsicherheit, ob man es nicht doch noch besser machen kann.

Diese Unsicherheit nimmt weiter zu, wenn man dann einschlägige Fotoausstellungen besucht. Beim Anblick gelungener Originale bekommt man immer wieder Anstöße, die eigenen Techniken weiter zu vervollkommnen. Spätestens jetzt sollte man sich ein wenig mit der zugrunde liegenden Theorie beschäftigen.

Aber keine Angst:

**NICHTS IST PRAKTISCHER ALS EINE GUTE THEORIE!**

## 4 Die charakteristische Kurve - Grundlagen

Zum besseren qualitativen und quantitativen Verständnis der Vorgänge bei der Belichtung eines Schwarz-Weiß-Negativs ist ein kleiner Ausflug in die klassische Sensitometrie nötig. Wer tiefer in diese Theorie einsteigen möchte, dem sein z. B. das Buch von Schmidt-Ploch empfohlen [3] oder von Nanette Salvaggio [4].

Die sog. charakteristische Kurve gibt an, wie sich die Schwärzung eines entwickelten und fixierten Negativs in Abhängigkeit von der Belichtung verhält.

Betrachten wir ein teilweise transparentes Negativ. Die Transparenz **T** wird definiert als das Verhältnis zwischen durchgelassenem Licht und eingestrahltem Licht.

$$\mathbf{T = I_{durch} / I_{ein}}$$

Ein völlig durchsichtiges Objekt hat eine Transparenz T = 1 und ein undurchsichtiges Objekt damit eine Transparenz von T = 0. Die Opazität **O** ist der Kehrwert der Transparenz **T**.

$$\mathbf{O = 1 / T}$$

Bei sehr kleiner Transparenz kann die Opazität sehr große Werte annehmen. Daher wird die Schwärzung oder Dichte **D** eines Negativs als dekadischer Logarithmus der Opazität angegeben.

$$\mathbf{D = lg(O)}$$

Das Verhalten dieser logarithmischen Größe "Dichte" entspricht weitgehend der physiologischen Eigenart des menschlichen Auges für Helligkeitseindrücke und ist damit sehr praxisorientiert.

Abweichend von der Definition der Dichte wird in vielen Fällen die Dichte auch als **lgD** bezeichnet, um klarzustellen, dass hier der Logarithmus einer Messgröße verwendet wird. Transparenz, Opazität und Dichte sind dimensionslose Größen d. h. ohne Einheiten.

Die Dichte wird üblicherweise auf der senkrechten Achse (y-Achse) aufgetragen. Die waagerechte Achse (x-Achse) wird im Rahmen des Zonensystems so gelegt, dass Zone 1 dort ist, wo die Dichte D = 0,10 erreicht. Zone 2 liegt dort, wo die doppelte Menge Licht wie bei Zone 1 eingefallen ist usw. Damit entspricht der Abstand von einer Zone zur nächsten einem Belichtungsunterschied von einer ganzen Blende oder von einem Lichtwert.

Abbildung 1 zeigt eine charakteristische Kurve, wie sie für die praktische Fotografie von Bedeutung ist. Selbst wenn ein Filmträger hochtransparent ist, sorgt der Träger für eine geringe Restdichte. Ein unbelichteter Film zeigt nach der Entwicklung einen mehr oder weniger hohen grauen Schleier. Bei der auf der senkrechten Achse aufgetragenen Dichte sind diese kontanten Werte für den Schleier und die Unterlage schon abgezogen, sodass die Dichtekurve links von Zone 1 auf null zurückgeht.

Der Bereich vom tiefsten Schwarz im Abzug bis zum Papierweiß erstreckt sich von Zone 0 bis Zone 10. Der tatsächlich fotografisch nutzbare Teil der Dichtekurve liegt im Bereich von Zone 2 bis Zone 8. Bei den niedrigen Zonen werden die Schatten und über Zwischenwerte werden bei den hohen Zonen die Lichter im Negativ abgebildet. Dieser Bereich von Zone 2 bis 8 ergibt bei der Erstellung von Bildern den sog. durchgezeichneten Bereich. D. h., bei einem

Print weist dieser Bereich deutliche Zeichnung auf. Zone 3 bis Zone 7 bezeichnet man üblicherweise als den volldurchgezeichneten Bereich. Hier findet man im Print die volle Zeichnung.

Belichtungsmesser sind typischerweise auf mittleres Grau kalibriert. Dieses mittlere Grau wird in Zone 5, in der Mitte des nutzbaren Bereichs der charakteristischen Kurve, abgebildet.

Um recht unabhängig vom jeweiligen Motiv qualitativ hochwertige Prints zu erhalten, sollte die Filmentwicklung so erfolgen, dass die charakteristische Kurve zumindest im volldurchgezeichneten Bereich zwischen Zone 3 und Zone 7 möglichst gerade verläuft.

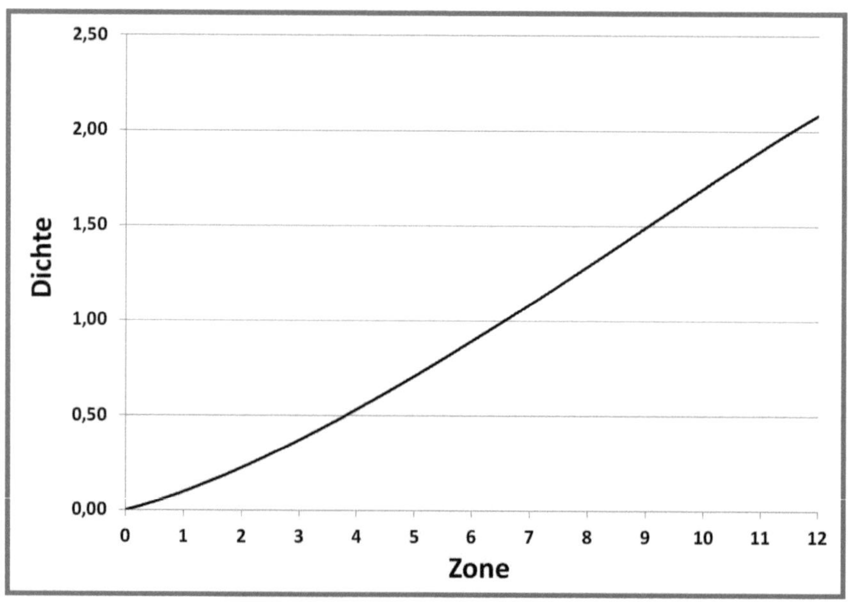


**Abbildung 1: charakteristische Kurve**

Für eine Normal- oder N-Entwicklung nach dem Zonensystem werden üblicherweise die Dichtewerte nach Tabelle 4 angestrebt (John P. Schaefer, [5] Seite 77):

| Dichte | Vergrößerer mit diffuser Beleuchtung | Vergrößerer mit Kondensor |
|---|---|---|
| **Zone 1** | 0,09 – 0,11 | 0,08 – 0,11 |
| **Zone 5** | 0,65 – 0,75 | 0,60 – 0,70 |
| **Zone 8** | 1,25 – 1,35 | 1,15 – 1,25 |

**Tabelle 4: Dichte über Schleier und Unterlage für N-Entwicklung**

Durch eine geeignet gewählte Entwicklungszeit erreicht man die passenden Dichtewerte für Zone 5 und Zone 8.

In den beiden Büchern von John P. Schaefer wurden die Ideen von Ansel Adams rund um das Zonensystem weiterentwickelt und ergänzt. Nun wissen wir alle, ein Negativ ist nicht das angestrebte Endprodukt, sondern ein Zwischenschritt zum endgültigen Print. Tabelle 4 zeigt auch ganz klar, dass die Charakteristika eines idealen Negativs von der verwendeten Ausrüstung abhängen können. Bei den in den Folgekapiteln stattfindenden Berechnungen werden der Einfachheit halber als Eckwerte die von Lambrecht und Woodhouse vorgeschlagenen Dichten benutzt (siehe [6). Zusätzlich gibt es später Hinweise zur Anpassung an andere Gegebenheiten.

| | Dichte |
|---|---|
| **Zone 1** | 0,10 |
| **Zone 5** | 0,72 |
| **Zone 8** | 1,29 |

**Tabelle 5: Dichten für die N-Entwicklung nach [6]**

Manche Fotografen bevorzugen statt einer Darstellung in Zonen Angaben von Über- oder Unterbelichtung in Blendenstufen. Die Belichtungsmesserangabe für eine Belichtung wird dabei als Blendenstufe null gewählt. Der Zusammenhang zu den Zonenangaben wird in Tabelle 6 dargestellt. Addiert man zu den Blendenwerten die Zahl 5, erhält man die Zonenangaben. D. h. bei vier Blenden Unterbelichtung sollte die Dichte für Zone 1 erreicht werden und bei 3 Blenden Überbelichtung die Dichte von Zone 8.

| **Zone** | 0 | 1 | 2 | 3 | 4 | 5 | 6 | 7 | 8 | 9 | 10 |
|---|---|---|---|---|---|---|---|---|---|---|---|
| **Blende** | -5 | -4 | -3 | -2 | -1 | 0 | 1 | 2 | 3 | 4 | 5 |

**Tabelle 6: Zonenwerte in Bezug zur Belichtungsmesseranzeige**

Mit der Kenntnis der charakteristischen Kurve hat der Fotograf die Möglichkeit, aus der gemessenen Motivhelligkeit auf die Negativdichte zu schließen. Umgekehrt ist jetzt auch bekannt, wie für eine gewünschte Negativdichte belichtet werden muss. Dies ist der Ausgangspunkt für die Prävisualisierung eines Motivs, d. h. schon bei der Aufnahme ist bekannt wie das Negativ und damit der Print aussehen werden.

Um auf diese Weise arbeiten zu können, besteht nun die Aufgabe eines Fotografen darin, den Film so zu entwickeln, dass die Negativdichten aus Tabelle 5 erreicht werden. Die am Belichtungsmesser eingestellte Empfindlichkeit für die Belichtung und die anschließende Entwicklungszeit des Films können gleichzeitig die Dichten für Zone 1 und Zone 8 verändern. Daher lohnt es sich, eine Teststrategie zu entwickeln, die die Zahl der nötigen Testdurchgänge minimiert. Wir werden später darauf zurückkommen.

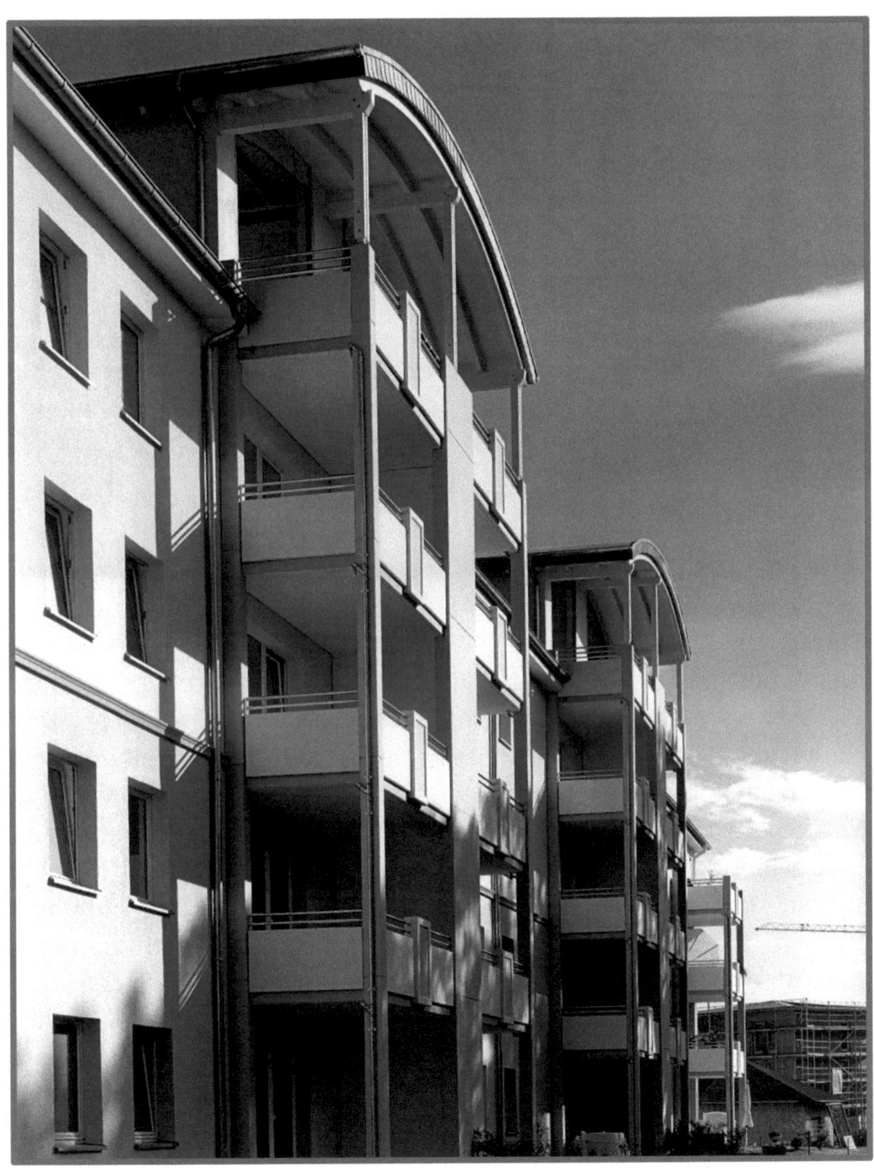

Bild 4: saniertes, ehemaliges Kasernengebäude (1)

# 5 Die Filmempfindlichkeit

Eine ganz wesentliche Eigenschaft eines Schwarz-Weiß-Films ist seine Empfindlichkeit. Daher wird dieses Thema ausführlich betrachtet.

## 5.1 Die ASA - DIN Tabelle

Die Filmempfindlichkeit wird heute in ISO angegeben (International Standards Organization). Es gilt die Merkregel für die Schreibweise:

$$ISO = ASA \,/\, DIN$$

D. h., bei der ISO-Angabe der Filmempfindlichkeit ist der Wert vor dem Querstrich der bekannte ASA-Wert und die Angabe nach dem Querstrich der vertraute DIN-Wert der Filmempfindlichkeit. Das sieht vollständig z. B. so aus ISO 200/24°. Aber auch ISO 200 oder ISO 24° wäre für unser Beispiel zulässig. Die Tabelle 7 zeigt eine Reihe von Filmempfindlichkeiten. Der Abstände von einem Feld zum nächsten in der Waagerechten sind 1/3 Blendenstufen und von einem fett gedruckten Feld zum nächsten entsprechend eine ganze Blendenstufe. Das Bildungsgesetz ist entsprechend einfach. Erhöht sich die DIN-Zahl um eins, ändert sich die Filmempfindlichkeit um 1/3 Blendenstufe. Eine Verdopplung der Filmempfindlichkeit ist eine Erhöhung um eine Blendenstufe und führt damit zu einer Erhöhung der DIN-Zahl um drei und zu einer Verdopplung der ASA-Zahl. Bei einem ASA-Wert von 12 sind DIN-Zahl und ASA-Zahl gleich. 1/3 Blendenstufen bei den ASA-Zahlen bedeutet damit eine Multiplikation mit der 3. Wurzel aus zwei ($\sqrt[3]{2} = 1{,}2599$) oder in Excel mit einer Multiplikation mit POTENZ(2;1/3). Zur Probe: multipliziert man eine ASA-Zahl dreimal mit $\sqrt[3]{2}$ so erhält man eine Verdopplung. Dabei werden die ASA-Zahlen so gerundet, dass man sie sich leichter merken kann.

| **ASA** | **3** | 4 | 5 | **6** | 8 | 10 | **12** | 15 | 19 | **25** | 32 | 40 | **50** | 64 | 80 | **100** |
|---|---|---|---|---|---|---|---|---|---|---|---|---|---|---|---|---|
| **DIN** | **6°** | 7° | 8° | **9°** | 10° | 11° | **12°** | 13° | 14° | **15°** | 16° | 17° | **18°** | 19° | 20° | **21°** |
| | | | | | | | | | | | | | | | | |
| **ASA** | 100 | 125 | 160 | **200** | 250 | 320 | **400** | 500 | 630 | **800** | 1000 | 1250 | **1600** | 2000 | 2500 | **3200** |
| **DIN** | 21° | 22° | 23° | **24°** | 25° | 26° | **27°** | 28° | 29° | **30°** | 31° | 32° | **33°** | 34° | 35° | **36°** |

**Tabelle 7: ASA-DIN Tabelle**

## 5.2 Bestimmung der Filmempfindlichkeit nach DIN ISO - Norm

Die aktuelle Norm hat die Bezeichnung DIN ISO 6:1996-02 und den Titel "Systeme von Schwarz-Weiß-Negativfilmen und ihre Verarbeitung für Stehbildaufnahmen – Bestimmung der ISO-Empfindlichkeit".

Die Norm geht von der Erkenntnis aus, dass die Empfindlichkeit eines Films von der angewandten Verarbeitung abhängt. D. h., Schwarz-Weiß-Filme haben generell nicht eine einzige Empfindlichkeit, wenn verschiedene Verarbeitungen empfohlen werden.

Konzentrieren wir uns hier in einem ersten Schritt auf die Verarbeitung des belichteten Films. Die ISO-Norm legt als einzige Verarbeitungsbedingung fest, dass die mittlere Steilheit des entwickelten Films vorgegebenen Bedingungen entspricht. Zusätzliche Informationen über die Verarbeitung müssen von demjenigen angegeben werden, der Entwicklungszeiten veröffentlicht.

Abbildung 2 zeigt die Details des Verfahrens. Auf der horizontalen Achse wird der Logarithmus der Belichtung H aufgetragen, auf der vertikalen Achse die zugehörigen Dichtewerte als lgD-Werte. Diese Art der Darstellung bezeichnet man als charakteristische Kurve einer Film- / Entwicklerkombination. Die Bedingung Dichte lgD=0,10 über Schleier + Unterlage definiert auf der horizontalen Achse den Punkt m (auch als Speed Point oder $D_{min}$ bezeichnet). Die Filmentwicklung muss so ausgeführt werden, dass von Punkt m ausgehend 1,3 Schritte nach rechts sich eine um 0,8 höhere Dichte ergibt. Das entspricht einem Gamma-Wert von:

$$\mathbf{Gamma = \frac{0,8}{1,3} = 0,62}$$

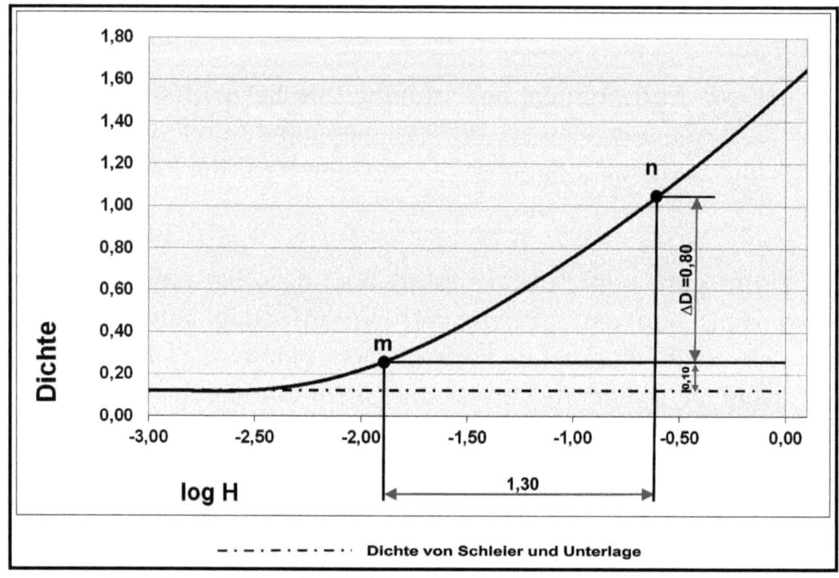


**Abbildung 2: Empfindlichkeitsbestimmung nach DIN ISO 6**

Gamma ist damit ein Maß für die Steigung der Kurve zwischen dem Punkt n und m. Bei der Entwicklung der Norm wurde in der Vergangenheit auch erwogen, die Normierung der Filmempfindlichkeit bei einer höheren Dichte z. B. $D_{min}$ = 0,20 vorzunehmen. Nach gründlicher Untersuchung wurde der Vorschlag aber aufgegeben, da er keine grundsätzlichen Vorteile bot (siehe [7] Seite 139). In der Terminologie des Zonensystems definiert $D_{min}$ die Lage von Zone 1 auf der horizontalen Achse.

## 5.3 Vergleich mit der Filmentwicklung nach dem Zonensystem

Da in der praktischen Fotografie die Begriffe des Zonensystems üblich sind, werden jetzt die Angaben aus Abbildung 2 in die Terminologie des Zonensystems übertragen. Das Ergebnis ist in Abbildung 3 zu sehen. Hier ist schon die Dichte lgD über Schleier + Unterlage auf der senkrechten Achse aufgetragen.

Eine Dichte von 0,10 über Schleier + Unterlage definiert die Lage der Zone 1. Eine Blende mehr oder weniger Licht bei der Belichtung erhöht oder vermindert die Zonenzahl um 1. Eine Blende mehr Licht heißt doppelt so viel Licht, eine Blende weniger Licht bedeutet halb so viel Licht wie bei der vorausgegangenen Belichtung. Der Logarithmus von 2 ist 0,301. Den Abstand von lgH = 1,3 zum Punkt n kann man damit in Zonen umrechnen.

$$\Delta Z = \frac{1{,}3}{\lg(2)} = 4{,}32$$

**Achtung:** In der Literatur sind beide Schreibweisen "lg" und "log" für den Zehnerlogarithmus gebräuchlich (in Excel LOG10).

D. h. der Film muss so entwickelt werden, dass bei Zone 5,32 (= 1+ 4,32) eine Dichte von 0,9 (= 0,10 + 0,80) vorliegt. Die waagerechte Linie in Abbildung 3 bei einer Dichte von 1,30 zeigt die typische Dichte von Zone 8 für eine Normal-Entwicklung nach dem Zonensystem. Normal- oder N-Entwicklung heißt, dass bei normalen Kontrastverhältnissen eine solche Filmentwicklung zu ausgeglichenen Negativen führt, eine korrekte Belichtung vorausgesetzt.

Wenn wir jetzt Abbildung 3 auswerten, sehen wir schnell, dass eine Filmentwicklung nach DIN ISO 6 zu einer N+1 Entwicklung nach dem Zonensystem führt. Die Dichtekurve schneidet nämlich die gelbe Linie etwa bei Zone 7. D. h., es liegt eine den Kontrast steigernde Filmentwicklung vor und man erhält damit bei normalem Motivkontrast zu harte Negative. Bei einer N-Entwicklung nach dem Zonensystem erzielt man erst für Zone 8 eine Dichte von 1,30.

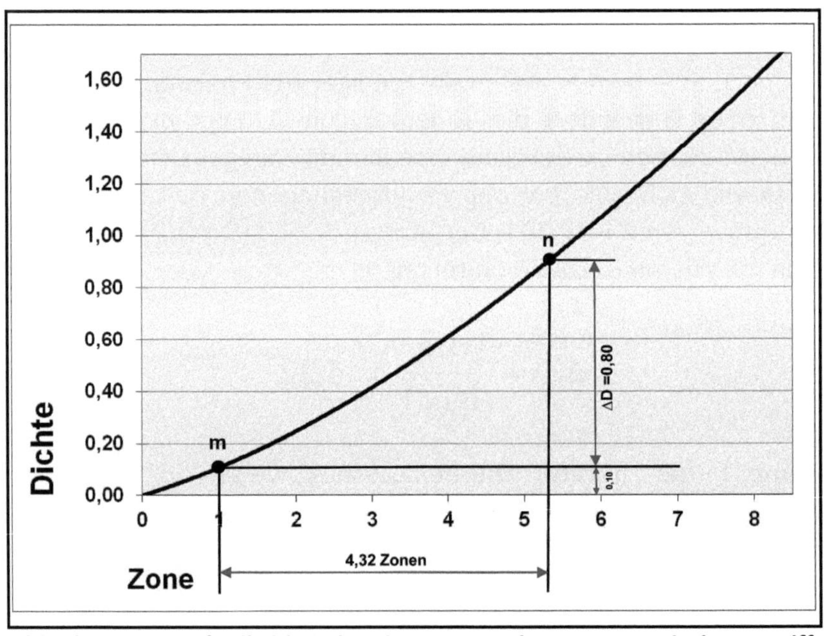


**Abbildung 3: Empfindlichkeitsbestimmung nach DIN ISO 6 mit den Begriffen des Zonensystems**

Damit ergibt sich für eine Normal- oder N-Entwicklung gemäß Zonensystem der folgende Gamma-Wert:

$$\mathbf{Gamma} = \frac{(\mathbf{1,29 - 0,10})}{(\mathbf{8 - 1}) \times \mathbf{lg(2)}} = \mathbf{0,56}$$

Dieser Wert liegt deutlich unter dem Wert, der bei einer Entwicklung gemäß ISO erzielt wird. Einen höheren Gammawert erhält man durch ein Verlängern der Entwicklungszeit. Gleichzeitig nimmt in vielen Fällen durch ein verlängertes Entwickeln die Filmempfindlichkeit geringfügig zu. Das Umgekehrte gilt jeweils, wenn man die Entwicklungszeit verkürzt, allerdings kann dann die Filmempfindlichkeit merklich abnehmen. Das bedeutet für die fotografische Praxis, die Empfindlichkeitsangaben nach DIN ISO 6 sind tendenziell zu hoch.

## 5.4 Konsequenzen

Nach den vorangegangenen Erläuterungen wird nun sofort klar, warum gerade Anfänger, die sich einfach an die üblichen Herstellerempfehlungen halten, häufig mit zu harten Negativen zu kämpfen haben. Auch ein pauschales Verlängern der Entwicklungszeit gegenüber den Herstellerangaben ist des Guten zu viel und ruiniert zumeist die Negative. Ziel sind zarte Negative, die in Licht- und Schattenpartien Zeichnung haben. Negative, die an Dias erinnern, sind zu hart, um gute Prints zu erzeugen.

Die Norm verlangt eindeutig, dass neben der Filmempfindlichkeit Informationen zur Verarbeitung angegeben werden müssen.

Es müssen angegeben werden (siehe Abschnitt 5.4.2 der Norm):

- Filmempfindlichkeit
- Chemikalien
- Zeit
- Temperatur
- Ausrüstung für die Entwicklerbewegung
- Verfahren für jeden Arbeitsschritt
- Eventuell weitere notwendige Angaben zur Erzielung der angegebenen Empfindlichkeit

D. h., diese genannten Parameter beeinflussen die Filmempfindlichkeit. Ein jeder möge selber die veröffentlichten Filmempfindlichkeiten auf Vollständigkeit der gemachten Angaben prüfen. Man denke nur an den Aufdruck auf den Filmschachteln oder die DX-Kodierung. Dadurch, dass einige Hersteller, abweichend von der Norm, praxisnähere Angaben zur erzielbaren Empfindlichkeit machen, bleibt für einen Anfänger das Thema Filmentwicklung weiterhin verwirrend. In vielen Fällen bleibt offen, ob die Empfindlichkeitsangaben nach DIN ISO 6, nach dem Zonensystem oder anderen, nicht dokumentierten Regeln gemacht wurden.

Liegen Empfindlichkeitsangaben nach DIN ISO 6 vor, gibt es pauschale Empfehlungen in der Literatur zur Erzielung besser kopierbarer Negative (siehe z. B. [8] Seite 86 oder [6] Seite 215 - Quick and Easy). Diese Empfehlungen laufen für normale Kontrastverhältnisse darauf hinaus, die Empfindlichkeit um 2 oder 3 DIN zu reduzieren und etwas kürzer zu entwickeln. Man erreicht dadurch meist eine bessere Zeichnung in den Schatten und Lichtern.

Die eindeutig bessere Alternative ist der Einstieg in das Eintesten der bevorzugten Filme mit einem dazu passenden Entwickler. Diesen Weg wollen wir auch im Folgenden beschreiten. Die Herstellerangaben können dann ohne Weiteres als Startwerte verwendet werden. Aber nicht jeder Entwickler passt gut zu jedem Film.

Bitte beachten Sie auch, dass durch Alterung ein Film merklich an Empfindlichkeit verlieren kann. Nach Abschluss des Reifungsprozesses der Emulsion wird das Maximum der Filmempfindlichkeit erreicht. Dann setzt der Alterungsprozess mit einer langsamen Abnahme der Filmempfindlichkeit ein. Ein realistischer Praxiswert ist ein Empfindlichkeitsverlust von bis zu 1 DIN pro Jahr (siehe [7] Seite 144). Damit kann dieser Verlust, je nach Lagerung, ohne Weiteres eine ganze Blende betragen (-3 DIN oder den halben ASA-Wert). Eine Lagerung der Filme im Kühl- oder Eisschrank kann den Alterungsprozess merklich verlangsamen.

Jetzt wird auch die übliche Empfehlung verständlich, jeweils den Filmbedarf für ein ganzes Jahr zu kaufen.

## 5.5 Der Bewegungsrhythmus

Der Bewegungsrhythmus findet in vielen Fällen nicht die ihm gebührende Beachtung. Sollen Filme nach dem Zonensystem entwickelt werden, möchte man zumindest im Bereich von Zone 3 bis Zone 7 einen möglichst geraden Verlauf der charakteristischen Kurve erhalten. Dieser Bereich ergibt bei N-Entwicklung im Print den sog. volldurchgezeichneten Bereich. Mithilfe einer geeignet gewählten Entwicklerbewegung kann man in vielen Fällen den Kurvenverlauf optimieren. Neben dem Kurvenverlauf kann die Kippbewegung auch die Empfindlichkeitsausnutzung beeinflussen.

Es ist sehr schwierig allgemeingültige Aussagen zu machen, da die Emulsionen der verschiedenen Filmhersteller sehr unterschiedlich auf die verschiedenen Entwickler reagieren können. In vielen Fällen bringt eine Reduzierung der Bewegung und eine entsprechende

Verlängerung der Entwicklungszeit eine etwas bessere Empfindlichkeitsausnutzung (etwa 1 DIN). Die Bewegungsreduzierung findet ihre Grenzen bei ungleichmäßiger Entwicklung oder einer verbogenen charakteristischen Kurve. Lässt sich für einen gewählten Film mit einem Entwickler trotz Variation des Bewegungsrhythmus nicht die gewünschte Kurvenform bei akzeptabler Empfindlichkeitsausnutzung hervorrufen, sollte man einen anderen Entwickler verwenden.

Im Folgenden werden anhand von zwei Beispielen die Effekte kurz erläutert. Der APX 100 wurde in beiden Fällen in Microdol-X in der Verdünnung 1+3 bei 24°C für 12 Min. entwickelt. Die APX-Filme in diesem Buch sind stets die Filme der Agfa-Gevaert AG Leverkusen, die bis 2013 im Handel waren, und nicht die spätere "New Emulsion".

Abbildung 4 und Abbildung 5 zeigen, dass man bei der Entwicklung mit Microdol-X beim APX100 besser alle 30 Sek. nur 1x kippt. Das ist der sog. Agfa-Kipp. Die Kurve in Abbildung 5 ist sehr dicht an der idealen Kurve und die Empfindlichkeitsausnutzung ist etwa 1 DIN besser, als wenn man alle 30 Sek. 3x kippt. Wenn man bei 3x kippen alle 30 Sek. die Entwicklungszeit reduziert, um eine flachere Kurve zu bekommen, würde man weiter an Empfindlichkeit verlieren. Außerdem wäre nicht sichergestellt, dass sich die deutlich gekrümmte Kurve der Ideallinie genügend annähert.

Dagegen sollte man den Kodak Tmax 400 besser alle 30 Sek. 3x kippen, da die charakteristische Kurve sonst im Bereich der mittleren Dichten merklich durchhängt.

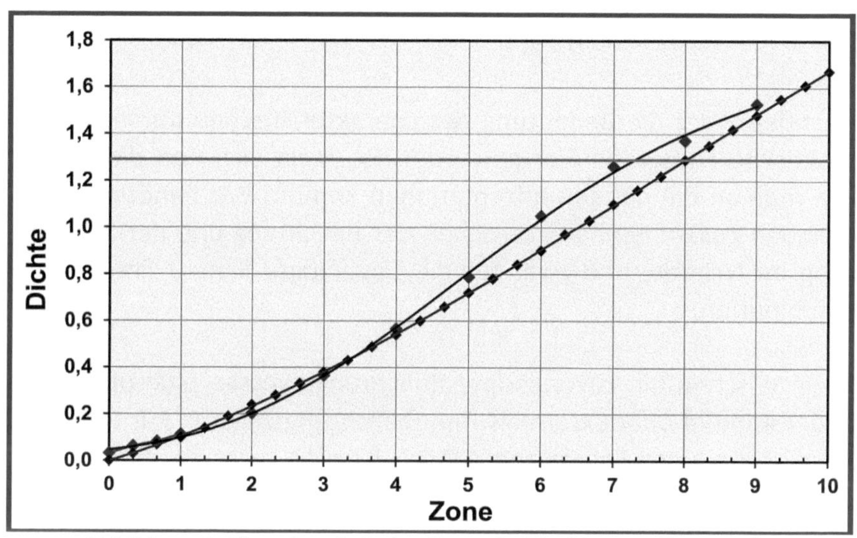


**Abbildung 4: Charakteristische Kurve bei 3x kippen alle 30 Sek.**

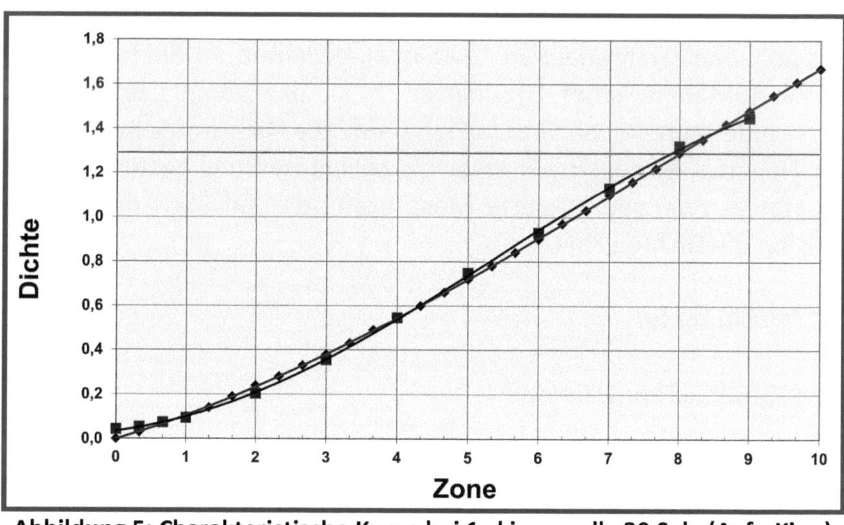


**Abbildung 5: Charakteristische Kurve bei 1x kippen alle 30 Sek. (Agfa-Kipp)**

## 6 Die Dichtemessung

Nachdem jetzt die Bedeutung der charakteristischen Kurve für die praktische Fotografie klar geworden ist, stellt sich nun die Frage, wie man an die nötigen Informationen kommt. Wir benötigen den genauen Zusammenhang zwischen der Belichtung und der Schwärzung im Negativ, und zwar für die bevorzugte Film- / Entwicklerkombination.

Da inzwischen ein zuverlässiger Belichtungsmesser, egal ob intern in der Kamera oder extern als Handbelichtungsmesser, zur üblichen Ausrüstung eines Fotografen gehört, ist eine recht genaue Belichtungsmessung bei der Aufnahme ohne Schwierigkeiten möglich. Für eine Dichtemessung im Negativ liegen die Dinge meist etwas anders.

Das übliche Verfahren einen Testfilm zu belichten, ist die formatfüllende Aufnahme einer Graukarte. D. h., das komplette Negativ weist eine einheitliche Graufärbung auf. Die Dichte (=Schwärzung) des Negativs wird jetzt mit einer Durchlichtmessung bestimmt. Dafür gibt es zwei spezialisierte Messgeräte, die auf Basis der Transmission die Dichte ermitteln:

1. Densitometer

2. Laborbelichtungsmesser

## 6.1 Densitometer

Densitometer sind spezialisierte Messgeräte zur Dichtemessung für die Prozesskontrolle in Fotofachlaboren oder Röntgenpraxen (sofern dort noch mit Film gearbeitet wird). Auch in der Druckvorstufe werden diese Messgeräte eingesetzt, sind aber meist etwas anders ausgelegt. Bekannte Hersteller für Densitometer im Fotobereich sind z. B. X-Rite oder Heiland electronic GmbH. Abbildung **6** zeigt ein derzeit aktuelles Gerät von Heiland electronic.

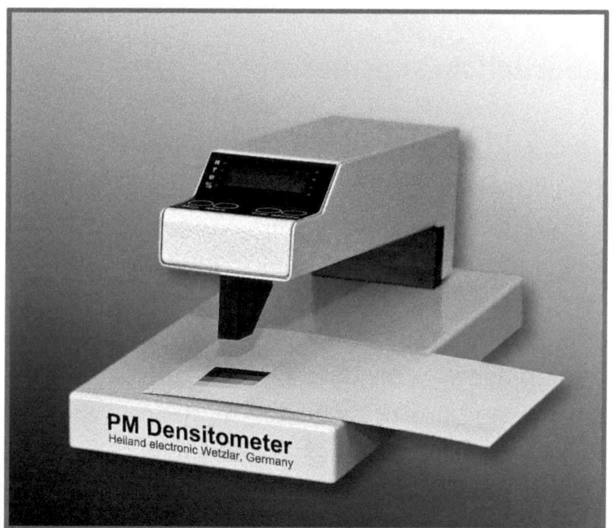


**Abbildung 6: Densitometer TRD 2 von Heiland electronic**

Wenn regelmäßig Dichtemessungen durchgeführt werden sollen, empfiehlt sich die Anschaffung eines Densitometers. Auf diese Weise können die Messungen zuverlässig und schnell am Schreibtisch im Hellen durchgeführt werden. Nach dem Einschalten des Densitometers sollte man mindestens zwei Minuten warten und dann als erstes die Kalibrierung mit dem mitgelieferten Teststreifen überprüfen. Filme zur Messung mit der Schichtseite zur Lichtquelle hin auflegen. Die erreichbare Messgenauigkeit für Dichtemessungen in dem uns interessierenden Dichtebereichen liegt bei etwa ±0,02 und die Reproduzierbarkeit der Ergebnisse bei ±0,01. Für unsere Zwecke ist normalerweise ein SW-Densitometer ausreichend, das visuelle Dichten zuverlässig messen kann. Ein Farbdensitometer ist entsprechend teurer und kann auch für die Prozesskontrolle von den Farbprozessen E6 (Dia-Entwicklung) und C41 (Farbnegativ) eingesetzt werden. Vorteilhaft kann es sein, wenn man über verschiedenen Blenden den Messkreis des Densitometers an den verwendeten Stufengraukeil anpassen kann.

## 6.2 Laborbelichtungsmesser

Auch mit handelsüblichen Laborbelichtungsmessern lassen sich zuverlässig Dichtewerte im Negativ ausmessen. Eine lgD-Anzeige ist dabei sehr hilfreich. Allerdings ist ein Vergrößerer in der Dunkelkammer nötig.

Damit zuverlässige Messungen gemacht werden können, sei hier explizit darauf hingewiesen, dass alle erforderlichen Maßnahmen zur Unterdrückung von Streulicht aus dem Vergrößerer schon getroffen sein sollten. Vorhandenes Streulicht in der Dunkelkammer kann die Dichtemessung merklich beeinflussen. Das gilt nicht nur für die Auswertung der Testnegative. Streulicht führt gerade beim Vergrößern zu einer Gradationsbeugung und ergibt sichtbare Beeinträchtigungen der Bildqualität. Lichtlecks können mit schwarzem Isolierband und Karton meist leicht geschlossen werden.

Zum Eintesten einer Film-/Entwicklerkombination werden typischerweise Aufnahmen einer Graukarte mit unterschiedlichen Belichtungen gemacht. Die Negative (Kleinbild- oder Rollfilm) werden zur Auswertung dann so in die Bildbühne des Vergrößerers eingelegt, dass neben dem auszumessenden Negativ der Steg zwischen zwei Bildern sichtbar ist. Am besten ist eine glaslose Bildbühne mit Maskenbändern geeignet. Jetzt wird mit der ersten Messung auf den Steg gemessen und mit der zweiten Messung in der Mitte der Projektion auf die graue Fläche (Abbildung der Graukarte). Die Helligkeitsdifferenz wird als lgD-Wert angezeigt und notiert. Damit hat man die Dichte über Schleier bestimmt. So wird dann eine Aufnahme der Graukarte nach der anderen vermessen und die Messwerte werden notiert. Dabei sollte man darauf achten, dass die Negative möglichst im Zentrum der Abbildung der Graukarte vermessen werden. Bei der Messung auf die hohen Dichten (größer etwa lgD=0,7) sollte bei Messung auf die Mitte des Negativs der Messbereich unbedingt maskiert werden. Sonst kommt vom Rand her Helligkeit durch den Filmträger in den Messbereich und diese kann dann das Ergebnis verfälschen. Ein zweiter Messdurchgang mit denselben Negativen schließt einen Teil der möglichen Messfehler aus.

Geeignete Labormessgeräte liefert z. B. FEM-Kunze, RH Designs oder Heiland electronic. RH Designs Produkte können über Heiland electronic bezogen werden.

Die Laborbelichtungsmesser haben natürlich deutlich mehr Funktionen als eine reine Dichteanzeige für Negativdichten. Das High End Gerät ist dabei der Splitgrade-Controller von Heiland electronic (Abbildung 7). Beim Splitgrade-Verfahren für Fotopapiere mit variablem Kontrast (VC- oder Multigrade-Papiere) werden zur Kontraststeuerung nur zwei Filter benutzt. Mit dem harten und dem weichen Filter wird das Papier nacheinander belichtet. Durch unterschiedliche Belichtungszeiten für die beiden Belichtungen wird die Gradation gesteuert. Diese Technik eröffnete zusätzliche Möglichkeiten beim Abwedeln und Nachbelichten.

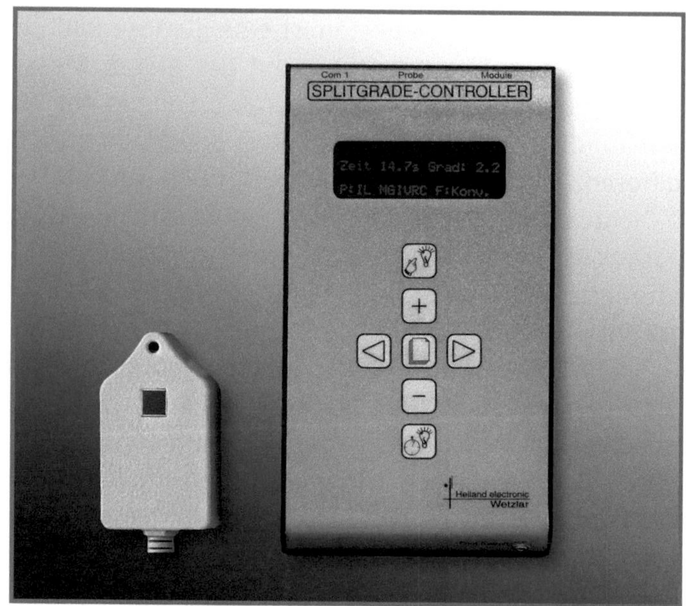


**Abbildung 7: Splitgrade-Controller von Heiland electronic**

Aber auch ein Laborbelichtungsmesser, der keine Dichten, sondern Zeiten anzeigt, lässt sich für die Auswertung verwenden. Das Einzige, was dann zusätzlich benötigt wird, ist ein Taschenrechner mit Logarithmus-Funktion. Man notiert sich die angezeigte Zeit für den blanken Film. Die angezeigten Zeiten für die nachfolgenden Messungen werden durch die Zeit für den blanken Film dividiert. Vom angezeigten Wert wird dann der Logarithmus gebildet. Das ist dann der gesuchte lgD-Wert (Dichte über Schleier und Unterlage). Um sicherzugehen, dass man alles richtig gemacht hat, sollte man einen Satz Negative von einem befreundeten Fotografen mit einem Densitometer zum Vergleich ausmessen lassen.

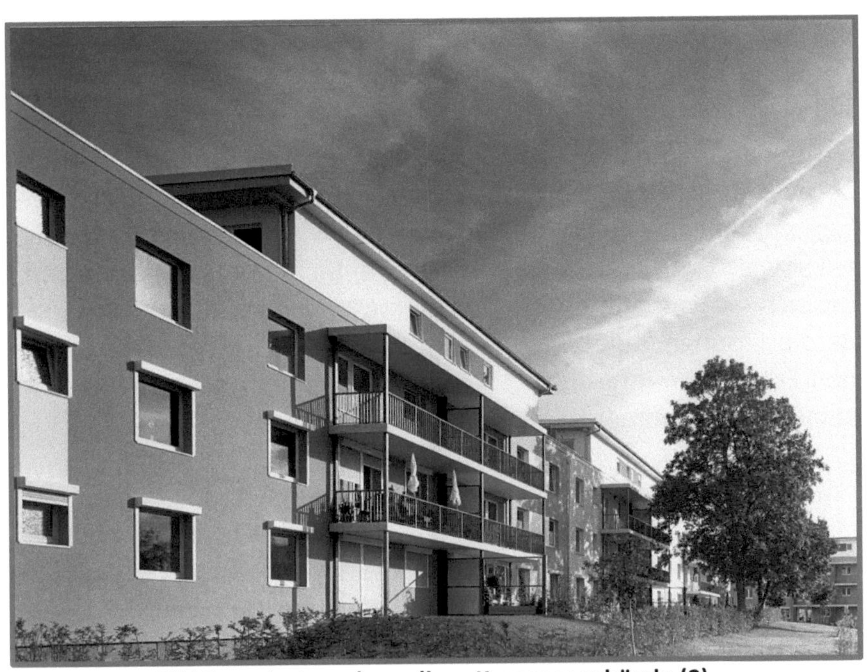

**Bild 5: saniertes, ehemaliges Kasernengebäude (2)**

## 6.3 Individuelle Lösungen

Mit individuellen Lösungen sind die diversen Anleitungen gemeint, mit denen man einen normalen Belichtungsmesser oder einen Laborbelichtungsmesser für eine Durchlichtmessung ohne Dunkelkammer nutzen kann. Ausgangspunkt dieser Überlegungen ist stets, ein sowieso vorhandenes Gerät für eine Dichtemessung zu nutzen, um sich die Ausgabe für ein Densitometer vorerst zu sparen. Gerade die Lösungen, die einen Belichtungsmesser nutzen, sind für einen Fotografen interessant, der die hybride Arbeit bevorzugt und keine Dunkelkammer für die Printerstellung mehr hat.

Am interessantesten ist dabei die Dichtemessung im Negativ mit einem Spotmeter. Ein Spotmeter ist für eine Belichtungsmessung und insbesondere für die Messung des Motivkontrasts bei der Aufnahme sehr hilfreich. Bei den Anleitungen zur Messung der Negativdichte geht es darum, eine gleichmäßige Ausleuchtung zu erreichen und Streulichteinflüsse auszuschalten.

Eine sehr ausgefeilte Bauanleitung ist im Workbook bei Phil Davis zu finden [2]. Für die Bauanleitung wird ein Asahi Pentax Spotmeter V zugrunde gelegt. Die Umsetzung setzt allerdings einiges an handwerklichem Geschick voraus. Kernpunkt der Idee ist der Einsatz einer künstlichen Lichtquelle und einer Nahlinse (+10 Dioptrien). Die Nahlinse wird mit einem Adapter am Spotmeter befestigt. Ein angesetztes Papp- oder PVC-Rohr vermeidet Streulichteinflüsse. Durch die Nahlinse kann man bei kurzem Betrachtungsabstand sauber messen. Eine geeignet konstruierte Bildbühne vor dem Rohr vereinfacht das Messen der Dichten erheblich.

Andreas Weidner [9] legt seine Negative auf ein Leuchtpult. Das Leuchtpult ist mit schwarzem Fotokarton auf die Negativgröße maskiert. Mit aufgesetztem Spotmeter werden jetzt die Dichten gemessen.

In beiden Fällen sollte man dabei die Filmempfindlichkeit so einstellen, dass man als Lichtwert für den blanken Film einen Wert von 12 oder höher erhält. Ein Spotmeter liefert Lichtwerte. D. h. die Dichtedifferenzen zwischen blankem Film und Testnegativ liegen als Lichtwertdifferenzen vor. Diese Lichtwertdifferenzen müssen jetzt in Dichtedifferenzen umgerechnet werden.

$$\boldsymbol{lgD = \Delta \mathrm{L} * \mathrm{lg}(2)}$$

D. h., die ermittelte Lichtwertdifferenz ΔL wird mit lg(2) =0,301 multipliziert und man erhält mit lgD die gewünschte Dichte über Schleier. Dabei ist lg(2) der schon bekannte Zehnerlogarithmus von zwei.

Um sicherzugehen, sollte man bei Verwendung einer individuellen Lösung Vergleichsmessungen mit einem Densitometer machen lassen.

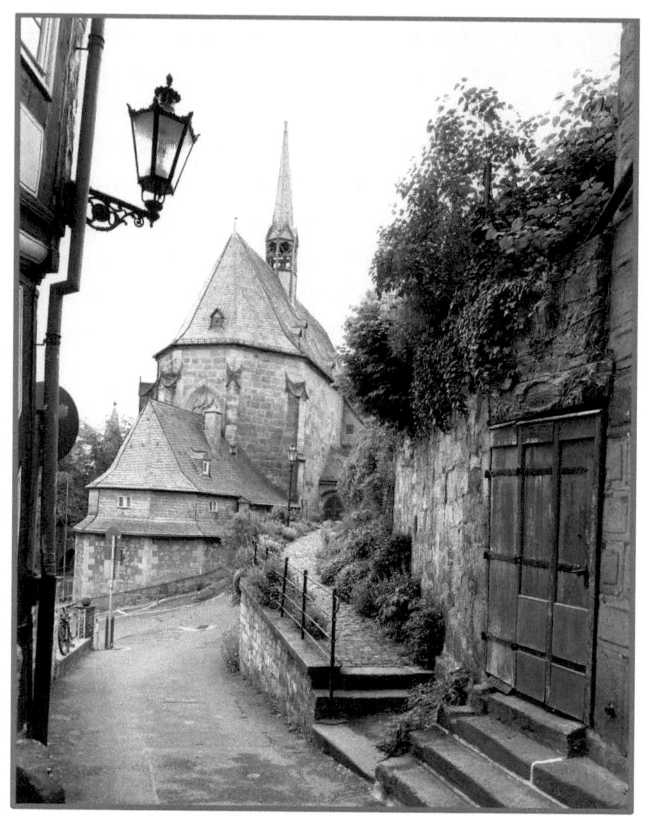

**Bild 6: Marburger Altstadt**

# 7 Eintesten von Kleinbild- oder Rollfilmen

Durch ein Eintesten einer Film- / Entwicklerkombination wollen wir verlässliche Informationen bekommen zu:

1. Effektive Filmempfindlichkeit

2. Entwicklungsparameter, speziell Entwicklungszeit

3. Form der charakteristischen Kurve

Nachdem wir jetzt die nötigen grundlegenden Überlegungen angestellt haben, können wir uns jetzt dem Eintesten von Kleinbildfilmen zuwenden. Rollfilme können wir nach demselben Verfahren eintesten oder, je nach verwendetem Dichtemessgerät, auch das Verfahren für Planfilme einsetzen. Das hängt z. B. davon ab, wie groß bei dem verwendeten Dichtemessgerät der Messkreis für die Dichtemessung ist. Wenn wir ein Rollfilmnegativ wie einen Planfilm ausmessen möchten, muss der Messkreis genügend klein sein. Ist das nicht der Fall, werden Rollfilme wie Kleinbildfilme eingetestet.

Da wir uns jetzt dem praktischen Teil zuwenden, sollten wir uns bei der Entwicklung einer geeigneten Testprozedur vorab einige Gedanken machen. Die Testprozedur sollte folgenden sechs Anforderungen genügen:

1. Das Verfahren sollte möglichst einfach sein.

2. Der Filmverbrauch sollte nicht unnötig hoch sein.

3. Die Zahl der nötigen Testentwicklungen sollte möglichst gering sein.

4. Die gewählte Testprozedur sollte mögliche Messfehler minimieren.

5. Die Testauswertung sollte mit allgemein verfügbaren Hilfsmitteln möglich sein.

6. Die Ergebnisse sollten aussagekräftig sein.

Bevor wir uns in die praktische Arbeit stürzen, sollten wir uns die Grundregel der Messtechnik und des Messwesens in Erinnerung rufen:

**Wer misst, misst Mist!**

Dieses Wortspiel kann man sich gut merken und es heißt für uns mit anderen Worten, beim Belichten und Ausmessen der Negative für die Erstellung der charakteristischen Kurve sollten wir die obigen sechs Punkte im Auge behalten und die Ergebnisse auf Plausibilität prüfen.

## 7.1 Notwendige Werkzeuge für die Testbelichtungen

Beim Eintesten von Kleinbildfilmen wird typischerweise mit der Kamera ein Testfilm so belichtet, dass sich formatfüllende, gleichmäßige Grauwerte auf jedem Negativ ergeben. Ein Teststreifen sieht dann etwa so aus wie in Abbildung 8.

Dies erreicht man, indem man mit einem leichten Teleobjektiv formatfüllend eine Graukarte abfotografiert und bei jeder neuen Aufnahme die Belichtungsmessereinstellung verändert und bei Nachführmessung die Blende so einstellt, dass eine korrekte Belichtung stattfindet. Man erreicht damit eine genaue Belichtungssteuerung in 1/3 Blendenschritten.

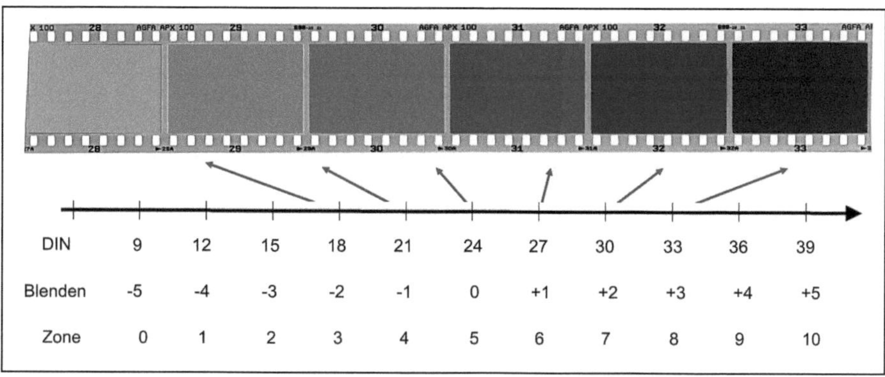


**Abbildung 8: Teststreifen (schematisch)**

In unserem Beispiel soll ein APX 400 eingetestet werden. Nach den Ausführungen in Abschnitt 5.3 zum Thema Filmempfindlichkeit haben wir dabei vorsichtshalber angenommen, dass der Film eine effektive Empfindlichkeit von ISO 200 / 24° hat. Wir benötigen Testnegative aus dem Bereich von etwa 4 Blenden Unterbelichtung bis 5 Blenden Überbelichtung, um die charakteristische Kurve aufzunehmen (Zeile "Blende" in Abbildung 8). Damit erhalten wir voraussichtlich Messpunkte im Bereich von Zone 1 bis Zone 10 (Zeile "Zone"). Um die Testnegative so zu belichten, wird für die einzelnen Testaufnahmen eine DIN-Filmempfindlichkeit gemäß der Zeile "DIN" eingestellt.

Nachdem jetzt das grundsätzliche Vorgehen klar geworden ist, wissen wir auch, mit welcher Ausrüstung wir die angestrebten Testaufnahmen machen können (Abbildung 9). Die Kamera sollte eine TTL-Belichtungsmessung (Innenmessung) haben und die Filmempfindlichkeit sollte sich manuell einstellen lassen.

Dann sind Graufilter recht nützlich, um bei den Testaufnahmen die Belichtungszeit nicht verändern zu müssen. Als Abstufung haben sich drei Graufilter bewährt mit Verlängerungsfaktoren von 2x, 4x und 8x. Ergibt in der Summe eine Dichte von D 1,8 (= 5 Blendenstufen). Alternativ kann man auch ein Vario-Graufilter (z.B. ND2-400) verwenden. Ein Stativ ist nicht erforderlich.

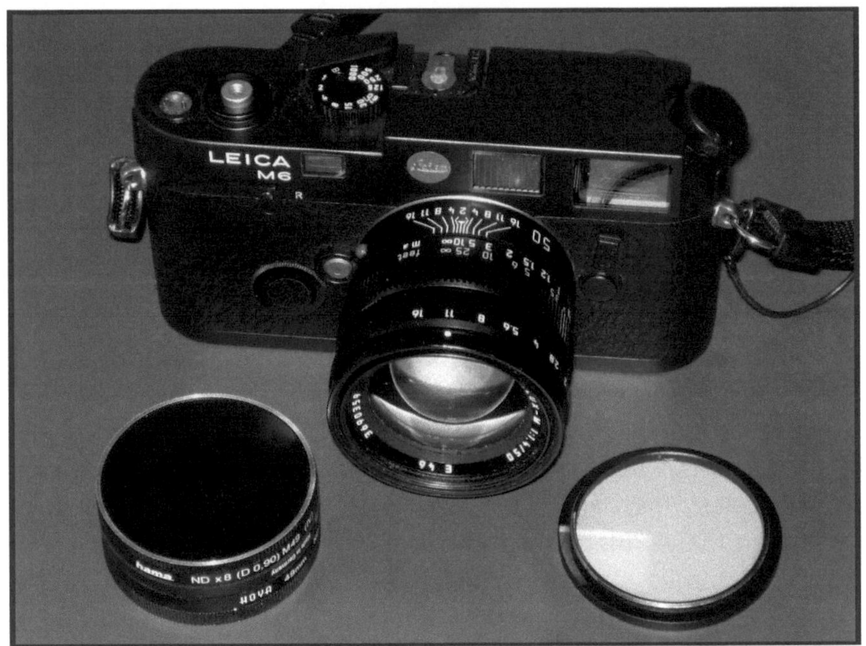


**Abbildung 9: mögliche Ausrüstung für Testbelichtungen**

Die drei bekanntesten Möglichkeiten die gewünschten Belichtungsreihen aufzunehmen sind unten aufgeführt. In allen Fällen wird kein Stativ benötigt. Wenn man etwas geübt ist, ist eine komplette Testreihe in wenigen Minuten aufbelichtet.

1. **Graukarte:** Das formatfüllende Abfotografieren eine Graukarte bei Tageslicht (Entfernung auf unendlich gestellt) ist das klassische Verfahren. Dabei kann die Graukarte selbst oder die weiße Rückseite verwendet werden. Man kann natürlich auch einen gleichmäßig weißen Karton nehmen. Die Ausleuchtung muss

gleichmäßig sein. In vielen Fällen kann man Belichtungsreihen mit einer Graukarte nur bei schönem Wetter im Schatten aufnehmen. Da möchte man meist aber lieber fotografieren als Testfilme belichten. Um vom Wetter unabhängiger zu werden, ohne die erprobte Testprozedur aufgeben zu müssen, gibt es die folgenden beiden Möglichkeiten. Sie haben auch noch den Vorteil, dass im Durchlicht aufgenommen wird. Damit hat man für die Belichtung des Testfilms mehr Licht zur Verfügung (Durchlicht statt Auflicht) und es fällt leichter, den ganzen Film mit einer Verschlusszeit zu belichten.

2. **Mattscheibe:** Vor das Objektiv wird eine Mattscheibe gesetzt und gegen den bedeckten Himmel fotografiert. Der bedeckte Himmel ist wichtig, da die Filmempfindlichkeit von der Lichtfarbe abhängt. Die praktische Ausführung könnte so aussehen: Adapter für das Frontgewinde des Aufnahmeobjektivs nehmen (z. B. bei Frontgewinde 46mm ein Adapter 46/49 mm). In den Adapter wird ein mattes Papier aus dem Zeichenbedarf (Entwurfspapier, mattes Papier stärker als Butterbrotpapier) eingeklebt und die Mattscheibe ist fertig. In das Frontgewinde des Adapters lassen sich dann bei Bedarf noch entsprechende Graufilter einsetzten. Auf diese Weise ist der Testfilm zügig belichtet und die Ausleuchtung ist sehr gleichmäßig ("Mattscheibe" siehe Abbildung 9 unten rechts). Den gesamten Testfilm sollte man möglichst mit einer fest eingestellten Verschlusszeit belichten und die richtige Belichtung mit der Blende und den Graufiltern stufenlos regeln. Ein Wechsel der Verschlusszeit während der Testreihe kann zu einem deutlichen Sprung in der resultierenden charakteristischen Kurve führen. Ursache sind dann die Toleranzen bei den Verschlusszeiten.

3. **Leuchtkasten:** Statt der Graukarte wird ein Leuchtkasten mit Normlicht formatfüllend aufgenommen. Die Ergebnisse hängen

sehr vom verfügbaren Leuchtkasten ab. Die Ausleuchtung kann sehr ungleichmäßig sein (z. B. deutlicher Anstieg der Dichte zum Rand hin, wo die Leuchtstoffröhren sind). Hier sind eigene Tests zur Prüfung der Ausleuchtung unabdingbar. Mit einem Belichtungsmesser lässt sich die Gleichmäßigkeit der Ausleuchtung grob überprüfen. Die Nagelprobe ist aber erst die Prüfung eines per Leuchtkasten belichteten Negativs.

## 7.2 Praktische Durchführung der Tests

Für einen Testdurchlauf wird ein halber Kleinbildfilm benötigt. Ein plausibler Startwert für Filmempfindlichkeit und Entwicklungszeit kürzt den Testprozess deutlich ab. Normalerweise sind nach spätestens drei Durchläufen effektive Empfindlichkeit und Entwicklungszeit bestimmt. Für erste Versuche sollte eine Film- / Entwicklerkombination benutzt werden, mit der man schon gearbeitet hat.

### 7.2.1 Belichtung

Man nimmt eine Graukarte DIN A4 (ein Karton mit gleichmäßiger Oberfläche reicht auch aus) und stellt diese bei Tageslicht so auf, dass die gesamte Fläche gleichmäßig ausgeleuchtet ist (weiße oder graue Seite nach Wahl). An der Kamera mit einem leichten Teleobjektiv (z. B. 90 mm, Gegenlichtblende) wird die Entfernung auf unendlich gestellt und die Graukarte wird formatfüllend nach Belichtungsplan Tabelle 8 aufgenommen. Die Aufnahmedaten sollten protokolliert werden. Das erleichtert bei dubiosen Messwerten die Fehlersuche. Ein Stativ ist nicht unbedingt erforderlich.

Alternativ kann natürlich die Belichtung auch durch eine Mattscheibe gegen den bedeckten Himmel oder per Leuchtplatte erfolgen. Wenn man keine geeignete Leuchtplatte zur Verfügung hat, bietet die Belichtung per Mattscheibe die meisten Vorteile.

| | | 50 ASA | 100 ASA | 200 ASA | 400 ASA | 800 ASA |
|---|---|---|---|---|---|---|
| **lfd. Nr.** | **Zone** | **DIN** | **DIN** | **DIN** | **DIN** | **DIN** |
| 1 | **0** / I+3 | **33** | **36** | **39** | **42** | **45** |
| 2 | I+2 | **32** | **35** | **38** | **41** | **44** |
| 3 | I+1 | **31** | **34** | **37** | **40** | **43** |
| 4 | **I** | **30** | **33** | **36** | **39** | **42** |
| 5 | I-1 | **29** | **32** | **35** | **38** | **41** |
| 6 | I-2 | **28** | **31** | **34** | **37** | **40** |
| 7 | **II** / I-3 | **27** | **30** | **33** | **36** | **39** |
| 8 | **III** | **24** | **27** | **30** | **33** | **36** |
| 9 | **IV** | **21** | **24** | **27** | **30** | **33** |
| 10 | **V** | **18** | **21** | **24** | **27** | **30** |
| 11 | **VI** | **15** | **18** | **21** | **24** | **27** |
| 12 | **VII** | **12** | **15** | **18** | **21** | **24** |
| 13 | **VIII** | **9** | **12** | **15** | **18** | **21** |
| 14 | **IX** | **6** | **9** | **12** | **15** | **18** |
| 15 | **X** | **3** | **6** | **9** | **12** | **15** |

**Tabelle 8: Belichtungsplan für verschiedene Filmempfindlichkeiten**

Wenn man die Angaben aus Abbildung 8 für verschiedene Filmempfindlichkeiten erweitert, erhält man die Werte in Tabelle 8. In Ergänzung zu den Angaben in Abbildung 8 wurden bei obigem Belichtungsplan im Bereich der Zone 1 zusätzliche Belichtungen im Abstand von 1/3 Zonen eingefügt. Dabei bedeutet z.B. bei lfd. Nr. 5 die Angabe I-1 dann Zone 1 – 1 DIN. Für diese zusätzlichen Messpunkte gibt es zwei Gründe.

Wir wissen, dass der Bereich um Zone 1 für die Feststellung der Filmempfindlichkeit besonders kritisch ist. Zum einen wissen wir bei der Testdurchführung noch nicht so genau, wo die Dichte von Zone 1 erscheinen wird. Die genaue Abweichung wollen wir ja gerade durch den Test ermitteln. Zum anderen sind gerade bei den niedrigen Dichten die Messfehler der Dichtemessung prozentual gesehen am höchsten. Als Messwert erwarten wir eine Dichte von etwa 0,10. Der Messfehler eines Densitometers ist etwa ±0,02. Das ist ein Messfehler von bis zu 20 %. Zusätzliche Messpunkte im Bereich der Zone 1 der charakteristischen Kurve erhöhen damit die Zuverlässigkeit bei der Bestimmung der Filmempfindlichkeit merklich.

Wie benutzen wir jetzt unseren Belichtungsplan? Die erste Zeile in Tabelle 8 gibt die Filmempfindlichkeit an, die wir bei einem Testkandidaten als Startwert zugrunde legen. Diese angenommene Filmempfindlichkeit darf nicht mehr als ± 1 Blendenstufe von der tatsächlichen Filmempfindlichkeit abweichen. Ansonsten erhält man keine Messpunkte für Zone 1. Die waagerechte Zeile von Zone 5 (lfd. Nr. 10) gibt die Filmempfindlichkeit aus Zeile 1 in DIN an. Die einstellbaren Filmempfindlichkeiten können von Kameratyp zu Kameratyp etwas verschieden sein.

An einem Beispiel soll der Prozess durchgespielt werden. Nehmen wir an, es soll ein Film eingetestet werden, der eine geschätzte Filmempfindlichkeit von 200 ASA hat. Dazu wird die Spalte 5 für die zugehörigen Belichtungsmessereinstellungen in Tabelle 8 gewählt.

**Testmotiv:** Die erste Aufnahme (Nr. 0) erfolgt (ohne Mattscheibe) von einem Testmotiv mit möglichst vielen Grauwerten wie z. B. Häuser, Garten etc. mit einer eingestellten Filmempfindlichkeit von 200 ASA (geschätzte Filmempfindlichkeit). Diese Aufnahme dient später zur visuellen Prüfung des Entwicklungsergebnisses und lässt Rückschlüsse auf Schärfe und Korn zu.

**Belichtungsreihe:** Jetzt werden die Testbelichtungen gemacht. Dazu wird z. B. die Mattscheibe aufgesetzt und es wird durch die Mattscheibe hindurch (Objektiv in Stellung auf unendlich) gegen den bedeckten Himmel belichtet. Es ist kein Stativ nötig. Ziel ist es, ein gleichmäßig geschwärztes Negativ zu erhalten. Alle Testbelichtungen sollten möglichst mit derselben Verschlusszeitzeit vorgenommen werden, mit der auch häufig fotografiert wird (z. B. 1/125 Sek.). Dazu wird bei hohen Empfindlichkeiten bei Bedarf ein Graufilter benutzt. Die Belichtungsmessereinstellung wird mit jeder Aufnahme verändert. Bei Nachführmessung wird dann die Blende so lange verändert, bis eine korrekte Belichtung angezeigt wird. Die nötigen Einstellungen sind in Spalte 5 von Tabelle 8 zu finden. D. h., wir starten unsere Belichtungsreihe mit 39 DIN, dann 38 DIN usw. Mit der Aufnahme Nr. 15 / 9 DIN endet unsere Belichtungsreihe.

**Film zurückspulen:** Der Film wird jetzt zurückgespult, sodass die Lasche nicht komplett in der Patrone verschwindet. Dann wird der Film aus der Kamera genommen. Sollte das mit der verwendeten Kamera nicht so funktionieren, kann ein sog. Laschenzieher oder Filmrückholer benutzt werden.

### 7.2.2 Film entwickeln

Wir gehen jetzt in die Dunkelkammer. Als Erstes wird die Lasche des Films mit einer Schere dort abgeschnitten, wo der KB-Film seine normale Breite annimmt. Ein Holzstab von 72 cm Länge wird bereitgelegt. Dann wird im Dunkeln der Film auf die Länge des Holzstabes aus der Patrone gezogen, abgeschnitten und in die Entwicklungsdose einspulen. Dann wird die Dose verschlossen. Der Film kann jetzt wie gewohnt entwickelt werden.

Im Hellen dann an den Filmanfang des Restfilms eine Lasche schneiden. Als Lehre kann die schon abgeschnittene Filmlasche verwendet werden. Die zweite Hälfte des 36er KB-Films kann dann später für einen weiteren Test verwendet werden. Auf diese Weise können mit einem Kleinbildfilm mit 36 Aufnahmen zwei Tests durchgeführt werden.

Der in die Dose eingespulte Film wird nun mit dem gewählten Entwickler z. B. nach Herstellerangaben bezüglich Verdünnung, Kipprhythmus, Zeit und Temperatur entwickelt, gestoppt, fixiert und gewässert. Wenn der Film getrocknet ist, kann die Auswertung beginnen. Wer es eilig hat, kann den Film auch mit einem Föhn trocknen.

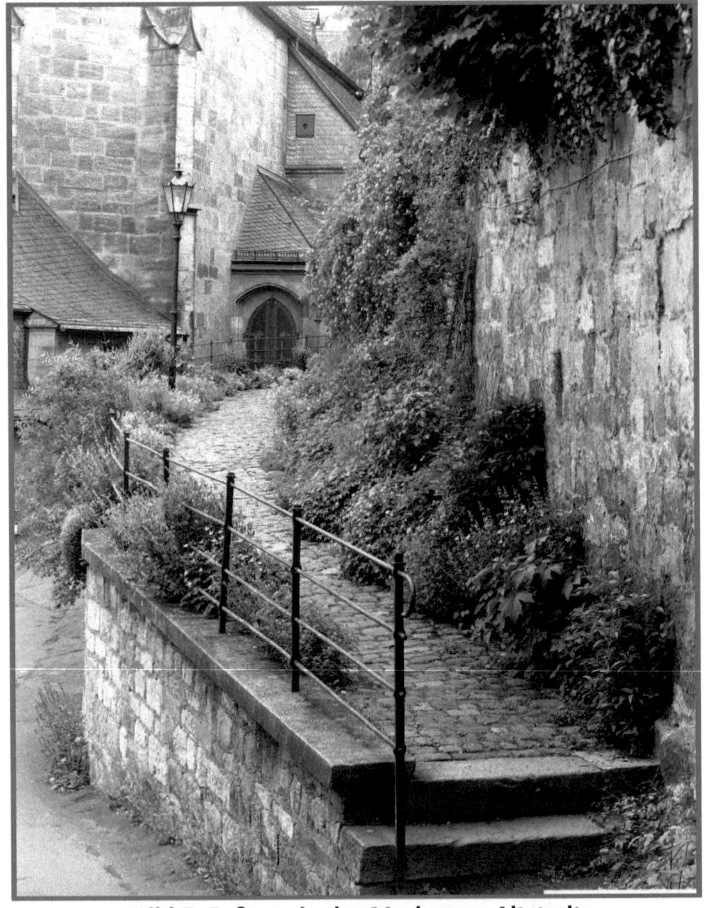

**Bild 7: Fußweg in der Marburger Altstadt**

# 8 Auswertung der Testnegative

Der APX400 war immer ein sehr beliebter Film in der Porträtfotografie. Hier wird als Beispiel aus einer Testreihe der Test Nr. 2 für die Kombination APX400 in Microdol-X 1+3 gezeigt. Beim ersten Test war die Entwicklungszeit zu lang. Für die Auswertung kommt eine der Messmethoden aus Kapitel 6 zum Einsatz. Diese Film- / Entwicklerkombination ist in den einschlägigen Datenblättern nicht zu finden. Daher sind eigene Tests unumgänglich, wenn man diese Film- / Entwicklerkombination einsetzen möchte.

## 8.1 Das Testprotokoll

Das Aufnahmeprotokoll mit den Messergebnissen könnte z. B. so aussehen (Tabelle 9). Dabei sind in der Spalte "DIN" die entsprechenden Werte aus dem Belichtungsplan (Tabelle 8) übernommen worden und die Spalte "lgD-Werte" enthält die ermittelten Dichtwerte ohne Schleier und Unterlage. Der Dichtewert für Schleier und Unterlage ist für den APX400 mit 0,33 etwas höher als für andere Filme, da als Lichthofschutz die Unterlage grau eingefärbt ist.

Ein Kipprhythmus von 15/30/3x bedeutet, 15 Sek. Ankippen, dann alle 30 Sek. 3x kippen. Am einfachsten kann jetzt eine Auswertung der Testergebnisse mit dem Zonenschieber erfolgen.

**Belichtung**

| Film | Datum | DIN |
|---|---|---|
| APX400 | 25.02.06 | 24 |

**Entwicklung**

| Entwickler | Verdünn. | Zeit | Kipp | Temp. |
|---|---|---|---|---|
| Microdol-X | 1+3 | 13:00 | 15/30/3x | 24 °C |

| Lfd. Nr. | Zone | DIN | Zeit | lgD-Wert | Schleier |
|---|---|---|---|---|---|
| 1 | **0** / I+3 | 39 | 125 | 0,02 | 0,33 |
| 2 | I+2 | 38 | 125 | 0,03 | |
| 3 | I+1 | 37 | 125 | 0,05 | |
| 4 | **I** | 36 | 125 | 0,08 | |
| 5 | I-1 | 35 | 125 | 0,11 | |
| 6 | I-2 | 34 | 125 | 0,14 | |
| 7 | **II** / I-3 | 33 | 125 | 0,19 | |
| 8 | **III** | 30 | 125 | 0,33 | |
| 9 | **IV** | 27 | 125 | 0,48 | |
| 10 | **V** | 24 | 125 | 0,66 | |
| 11 | **VI** | 21 | 125 | 0,84 | |
| 12 | **VII** | 18 | 125 | 1,04 | |
| 13 | **VIII** | 15 | 125 | 1,25 | |
| 14 | **IX** | 12 | 125 | 1,45 | |
| 15 | **X** | 9 | 125 | 1,58 | |

**Tabelle 9: Testprotokoll**

## 8.2 Der Zonenschieber

Eine einfache Auswertemöglichkeit ist die Verwendung des Zonenschiebers nach Tabelle 10.

| Feld1 | 0 | 1 | 2 | 3 | 4 | 5 | 6 | 7 | 8 | 9 | 10 | 11 | 12 | 13 | 14 | 15 | 16 |
|---|---|---|---|---|---|---|---|---|---|---|---|---|---|---|---|---|---|
| Zone | 0 | - | -- | I | - | -- | II | - | -- | III | - | -- | IV | - | -- | V | - |
| lgD | 0,00 | 0,03 | 0,07 | 0,10 | 0,14 | 0,19 | 0,24 | 0,28 | 0,33 | 0,38 | 0,43 | 0,49 | 0,54 | 0,60 | 0,66 | 0,72 | 0,78 |
| Werte | 0,02 | 0,03 | 0,05 | 0,08 | 0,11 | 0,14 | 0,19 | | | 0,33 | | | 0,48 | | | 0,66 | |
| Feld2 | 0 | 1 | 2 | 3 | 4 | 5 | 6 | 7 | 8 | 9 | 10 | 11 | 12 | 13 | 14 | 15 | 16 |

| Feld1 | 17 | 18 | 19 | 20 | 21 | 22 | 23 | 24 | 25 | 26 | 27 | 28 | 29 | 30 | 31 | 32 | 33 |
|---|---|---|---|---|---|---|---|---|---|---|---|---|---|---|---|---|---|
| Zone | -- | VI | - | -- | VII | - | -- | VIII | - | -- | IX | - | -- | X | - | -- | XI |
| lgD | 0,84 | 0,90 | 0,97 | 1,03 | 1,10 | 1,16 | 1,22 | 1,29 | 1,35 | 1,42 | 1,48 | 1,55 | 1,61 | 1,67 | 1,73 | 1,79 | 1,85 |
| Werte | | 0,84 | | | 1,04 | | | 1,25 | | | 1,45 | | | 1,58 | | | |
| Feld2 | 17 | 18 | 19 | 20 | 21 | 22 | 23 | 24 | 25 | 26 | 27 | 28 | 29 | 30 | 31 | 32 | 33 |

**Tabelle 10: Zonenschieber**

Das Verfahren erinnert an ein Arbeiten mit einem Rechenschieber. In der obersten und untersten Zeile des Zonenschiebers stehen fortlaufende Nummern. In der Zonenzeile werden die Zonen, wie in der Literatur zumeist üblich, mit römischen Ziffern bezeichnet. In der Zeile "lgD" sind die Referenzdichten gemäß [6] eingetragen. In die Zeile "Werte" werden die Ergebnisse der Dichtemessung aus Tabelle 9 (Spalte lgD-Wert) vermerkt.

Dann wird der untere Teil des Zonenschiebers (unterhalb des dicken schwarzen Strichs in Tabelle 10) so verschoben, dass in der Zeile "Wert" ein Messwert mit 0,10 bis 0,12 unterhalb von Zone 1 steht. Das kann man erreichen, indem man den Zonenschieber [14] ausdruckt und mit der Schere längs der schwarzen Linie auftrennt und entsprechend verschiebt.

Der Zonenschieber lässt sich aber auch leicht in einer Exceltabelle nachbilden (Tabelle 11). In der zweiten Zonenzeile wurde weiterhin zu den praktischeren arabischen Ziffern übergegangen, um in Tabellenkalkulationsprogramme wie Excel oder OpenOffice Zwischenwerte auf einfache Weise benutzen zu können. Wenn wir mit einer solchen Tabellenkalkulation arbeiten, kann man sich die Messwerte auch sehr leicht zusätzlich grafisch anzeigen lassen. Die Auswertung kann dann anhand der grafischen Darstellung sehr einfach überprüft werden (siehe auch [14]).

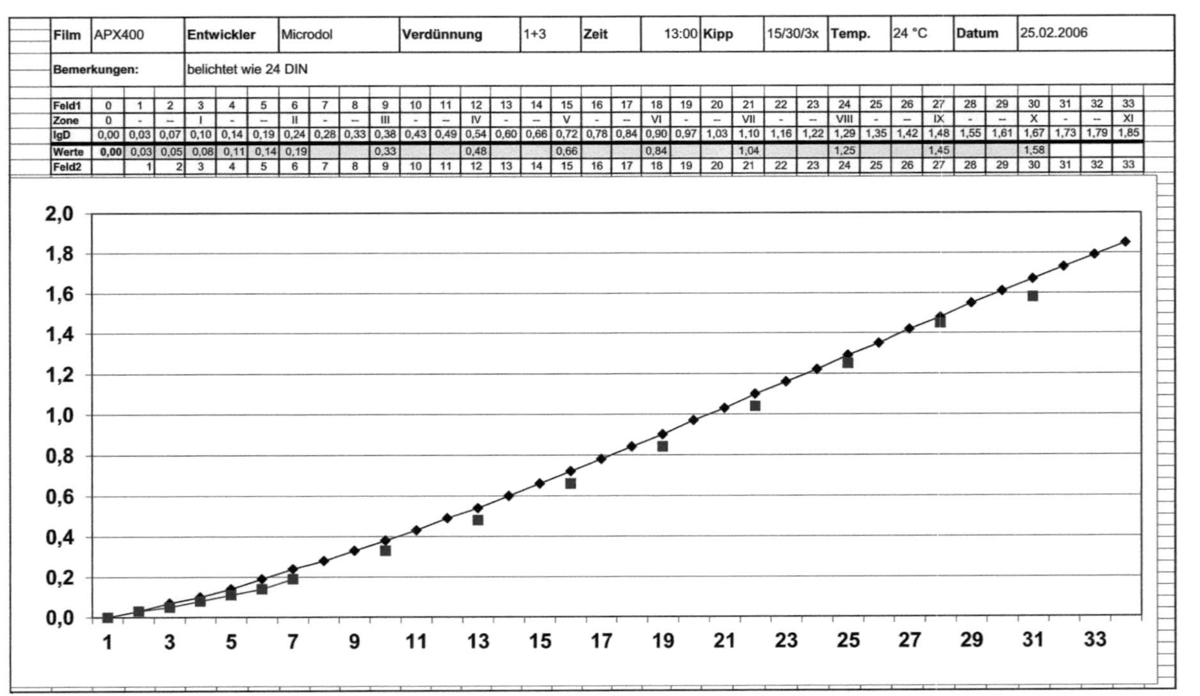

| Film | APX400 | Entwickler | Microdol | Verdünnung | 1+3 | Zeit | 13:00 | Kipp | 15/30/3x | Temp. | 24 °C | Datum | 25.02.2006 |
|---|---|---|---|---|---|---|---|---|---|---|---|---|---|
| Bemerkungen: | belichtet wie 24 DIN | | | | | | | | | | | | |

| Feld1 | 0 | 1 | 2 | 3 | 4 | 5 | 6 | 7 | 8 | 9 | 10 | 11 | 12 | 13 | 14 | 15 | 16 |
|---|---|---|---|---|---|---|---|---|---|---|---|---|---|---|---|---|---|
| Zone | 0 | - | -- | I | - | -- | II | - | -- | III | - | -- | IV | - | -- | V | - |
| lgD | 0,00 | 0,03 | 0,07 | 0,10 | 0,14 | 0,19 | 0,24 | 0,28 | 0,33 | 0,38 | 0,43 | 0,49 | 0,54 | 0,60 | 0,66 | 0,72 | 0,78 |
| Werte | 0,00 | 0,03 | 0,05 | 0,08 | 0,11 | 0,14 | 0,19 | | | 0,33 | | | 0,48 | | | 0,66 | |
| Feld2 | | 1 | 2 | 3 | 4 | 5 | 6 | 7 | 8 | 9 | 10 | 11 | 12 | 13 | 14 | 15 | 16 |

| Feld1 | 17 | 18 | 19 | 20 | 21 | 22 | 23 | 24 | 25 | 26 | 27 | 28 | 29 | 30 | 31 | 32 | 33 |
|---|---|---|---|---|---|---|---|---|---|---|---|---|---|---|---|---|---|
| Zone | -- | VI | - | -- | VII | - | -- | VIII | - | -- | IX | - | -- | X | - | -- | XI |
| lgD | 0,84 | 0,90 | 0,97 | 1,03 | 1,10 | 1,16 | 1,22 | 1,29 | 1,35 | 1,42 | 1,48 | 1,55 | 1,61 | 1,67 | 1,73 | 1,79 | 1,85 |
| Werte | | 0,84 | | | 1,04 | | | 1,25 | | | 1,45 | | | 1,58 | | | |
| Feld2 | 17 | 18 | 19 | 20 | 21 | 22 | 23 | 24 | 25 | 26 | 27 | 28 | 29 | 30 | 31 | 32 | 33 |



**Tabelle 11: Zonenschieber mit grafischer Darstellung**

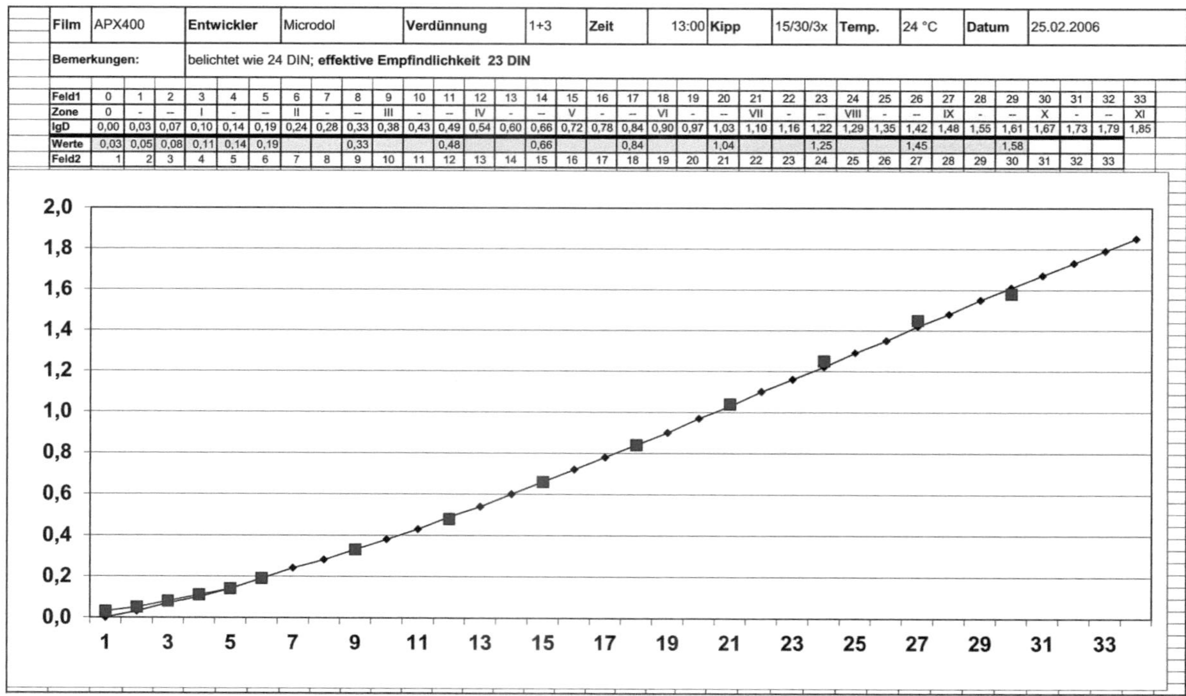

| Film | APX400 | Entwickler | Microdol | Verdünnung | 1+3 | Zeit | 13:00 | Kipp | 15/30/3x | Temp. | 24 °C | Datum | 25.02.2006 |
|---|---|---|---|---|---|---|---|---|---|---|---|---|---|
| Bemerkungen: | belichtet wie 24 DIN; **effektive Empfindlichkeit 23 DIN** | | | | | | | | | | | | |

| Feld1 | 0 | 1 | 2 | 3 | 4 | 5 | 6 | 7 | 8 | 9 | 10 | 11 | 12 | 13 | 14 | 15 | 16 |
|---|---|---|---|---|---|---|---|---|---|---|---|---|---|---|---|---|---|
| Zone | 0 | - | -- | I | - | -- | II | - | -- | III | - | -- | IV | - | -- | V | - |
| lgD | 0,00 | 0,03 | 0,07 | 0,10 | 0,14 | 0,19 | 0,24 | 0,28 | 0,33 | 0,38 | 0,43 | 0,49 | 0,54 | 0,60 | 0,66 | 0,72 | 0,78 |
| Werte | 0,03 | 0,05 | 0,08 | 0,11 | 0,14 | 0,19 | | | 0,33 | | | 0,48 | | | 0,66 | | |
| Feld2 | 1 | 2 | 3 | 4 | 5 | 6 | 7 | 8 | 9 | 10 | 11 | 12 | 13 | 14 | 15 | 16 | 17 |

| Feld1 | 17 | 18 | 19 | 20 | 21 | 22 | 23 | 24 | 25 | 26 | 27 | 28 | 29 | 30 | 31 | 32 | 33 |
|---|---|---|---|---|---|---|---|---|---|---|---|---|---|---|---|---|---|
| Zone | -- | VI | - | -- | VII | - | -- | VIII | - | -- | IX | - | -- | X | - | -- | XI |
| lgD | 0,84 | 0,90 | 0,97 | 1,03 | 1,10 | 1,16 | 1,22 | 1,29 | 1,35 | 1,42 | 1,48 | 1,55 | 1,61 | 1,67 | 1,73 | 1,79 | 1,85 |
| Werte | 0,84 | | | 1,04 | | | 1,25 | | | 1,45 | | | 1,58 | | | | |
| Feld2 | 18 | 19 | 20 | 21 | 22 | 23 | 24 | 25 | 26 | 27 | 28 | 29 | 30 | 31 | 32 | 33 | |



**Tabelle 12: Auswertung mit dem Zonenschieber und grafisch Darstellung**

Zur Auswertung entfernt oder ergänzt man in der Tabellenkalkulation in den beiden unteren Zeilen eine entsprechende Zahl von Zellen und das Ergebnis sieht dann so aus wie in Tabelle 12.

Damit wir in unserem Beispiel eine bestmögliche Übereinstimmung der gemessenen Werte mit den lgD-Werten aus unserer Referenztabelle erhalten, müssen wir den unteren Tabellenteil um eine Spalte nach links verschieben. Von Spalte zu Spalte unterscheidet sich die Belichtung um 1/3 Blendenstufe entsprechend 1/3 Zone. Müssen wir für eine Übereinstimmung die unteren beiden Spalten um eine Spalte nach links verschieben, heißt das, die Filmempfindlichkeit muss um 1/3 Blende entsprechend 1 DIN reduziert werden. Eine Verschiebung nach rechts würde zu einer Erhöhung der effektiven Filmempfindlichkeit führen.

**Damit haben wir für die getestete Film- / Entwicklerkombination eine effektive Filmempfindlichkeit von 23 DIN ermittelt.**

Das bedeutet, in unserem Beispiel haben wir mit zwei Testdurchläufen eine Film- / Entwicklerkombination eingetestet. Da sich durch unsere Testanordnung die gemessene Kurve auf der horizontalen Achse recht einfach verschieben lässt, brauchen wir keinen abschließenden Test mit einer eingestellten Filmempfindlichkeit von 23 DIN zu machen, um das Testergebnis in unserem Beispiel zu verifizieren.

**Die Form der gefundenen Kurve nach Verschiebung entspricht der Idealform. Damit haben wir auch die richtigen Entwicklungsparameter gefunden.**

Wenn bei einem Test die gemessene Dichte im Bereich der Zone 8 deutlich über der Idealkurve liegt, müssen wir die Entwicklungszeit verkürzen. Liegt die gemessene Dichte in diesem Bereich deutlich unter der Idealkurve, muss die Entwicklungszeit verlängert werden. Sollte die Kurvenform der gemessenen Kurve deutlich von der idealen Kurve abweichen, kann man mit einem geänderten Kipprhythmus experimentieren.

## 8.3 Erfahrungen aus den Tests

Die Auswertung mit dem Zonenlineal benutzt ganz elementare Funktionen einer Tabellenkalkulation und ist leicht nachzuvollziehen. Wir werden später mit weiteren Funktionen der Tabellenkalkulation unsere Auswertungen weiter verbessern und zusätzliche Information aus den Messergebnissen gewinnen.

**Verschlusszeiten:** Die meisten Testbelichtungen wurden mit einer Kamera mit TTL-Messung (Nachführmessung) durchgeführt. Dabei wurde die Belichtungszeit für alle Testbelichtungen möglichst beibehalten. Bei einer gewählten Verschlusszeit lässt sich die Blende stufenlos ändern. Am Anfang und Ende der Belichtungsreihen sind aber oftmals abweichende Belichtungszeiten erforderlich. Ein Wechsel der Verschlusszeiten kann zu einem deutlich erkennbaren "Sprung" in der gemessenen charakteristischen Kurve führen. Diesen Effekt kann man eliminieren, indem man eine Belichtungsreihe mit einer schon eingetesteten Film- / Entwicklerkombination für die verschiedenen Verschlusszeiten macht (Graukarte auf Zone V bei verschiedenen Verschlusszeiten belichten) und die Dichten auswertet. Ausgehend von einem Mittelwert kann man dann für jede Verschlusszeit prozentuale Dichtekorrekturen bestimmen und dann bei den weiteren Auswertungen berücksichtigen. Die charakteristischen Kurven werden dadurch merklich glatter.

**Systematische Fehler:** Hierzu zählen Fehler, die man nur durch Vergleich mit Testergebnissen von anderen Fotografen erkennen kann. Ein Beispiel ist, wenn das Thermometer konstant um einen festen Betrag von der tatsächlichen Temperatur abweicht. Solange ein Fotograf immer mit demselben Thermometer arbeitet, wird er konsistente Ergebnisse erhalten. Diese Fehlerklasse muss aber betrachtet werden, wenn man z. B. Empfindlichkeit und Entwicklungsparameter für eine Film- / Entwicklerkombination mit anderen Fotografen austauschen möchte. Also tauschen Sie Ihre Ergebnisse mit befreundeten Fotografen aus; Sie werden dadurch ihre eigenen Ergebnisse schrittweise weiter verbessern können.

Um die Fehlerquelle Thermometer auszuschalten, kann man ein zuverlässiges Digital-Thermometer verwenden (z. B. Greisinger Digital-Thermometer GTH 175/Pt). Bei Digitalthermometern sollte man neben der Messgenauigkeit darauf achten, dass genügend oft gemessen wird. Eine Messung alle 5 Sek. reicht bei einem Kipprhythmus von 30 Sek. nicht aus, um die Temperatur zuverlässig zu messen.

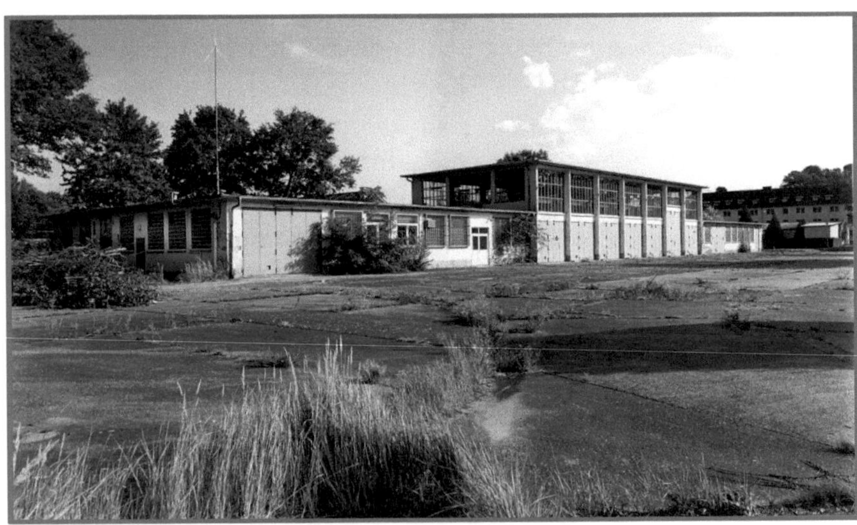

**Bild 8: alte Kfz-Werkstatt**

# 9 Die charakteristische Kurve – Interpretation

Wie unser erster elementare Test gezeigt hat (Tabelle 12), stimmen die gemessenen und erwünschten Dichtewerte der charakteristischen Kurve sehr gut überein. Da freut man sich, aber in der Regel ist das so nicht der Fall.

## 9.1 Testauswertung

Wir suchen ja nach Film- / Entwicklerkombinationen, die im Bereich von Zone 2 bis Zone 8 einen möglichst geraden Verlauf haben. Film- / Entwicklerkombinationen, wo das nicht der Fall ist, sollten wir meiden oder für spezielle Anwendungen einsetzen. Die Gründe dafür werden wir im nächsten Abschnitt kennenlernen.

- Der **erste Schritt** der Auswertung besteht darin, die gemessene charakteristische Kurve so zu verschieben, dass die Dichte bei Zone 1 bei 0,1 oder etwas darüber liegt. Das garantiert die notwendige Schattenzeichnung. Die nötige Verschiebung ist ein Maß für die nötige Belichtungskorrektur. Die Details wurden im vorangegangen Kapitel beschrieben.

Der dann nötige **zweite Auswertungsschritt** betrachtet die Lage der charakteristischen Kurve bei den Lichtern (Zone 8) und erlaubt Rückschlüsse auf die nötige Entwicklungszeit. Es gibt grundsätzlich drei Möglichkeiten:

1. Die gemessene charakteristische Kurve fällt bei Zone 8 mit der idealen Kurve zusammen. Das bedeutet, dass die Entwicklungszeit der Testentwicklung die gesuchte Entwicklungszeit war und der Test ist beendet.

2. Die gemessene charakteristische Kurve liegt bei Zone 8 **deutlich unter** der idealen Kurve. Das bedeutet, die Entwicklungszeit der Testentwicklung ist zu kurz.

3. Die gemessene charakteristische Kurve liegt bei Zone 8 **deutlich über** der idealen Kurve. Das bedeutet, die Entwicklungszeit der Testentwicklung ist zu lang.

Bei Fall 2 und 3 ist eine weitere Testentwicklung mit der gefundenen effektiven Empfindlichkeit und entsprechend veränderter Entwicklungszeit nötig. Meist kann nach dieser zweiten Testentwicklung das Eintesten erfolgreich abgeschlossen werden, da entweder die Entwicklungszeit schon stimmt oder die richtige Entwicklungszeit aus den beiden Tests erschlossen werden kann. Ein dritter Test ist dann nicht mehr zwingend nötig. Daher:

| **Nach spätestens drei Testentwicklungen ist ein Film eingetestet!** |
|---|

Wir können daraus einfach ersehen, dass man mit recht einfachen Mitteln und recht bescheidenen Materialeinsatz eine Film- / Entwicklerkombination zuverlässig eintesten kann. Wie wir im nächsten Abschnitt dann sehen werden, liefert die erhaltene charakteristische Kurve alle nötigen Informationen über die Abbildungseigenschaften einer Film- / Entwicklerkombination.

## 9.2 Abweichung von der Geraden

Wie wir gesehen haben, können wir bei einer möglichst geraden charakteristischen Kurve im Bereich von Zone 2 bis Zone 8 diese durch eine Gerade annähern. Das ist in Wissenschaft und Technik ein gängiges Verfahren, um komplexe Zusammenhänge für die Praxis stark zu vereinfachen. Dies ist auch der Ansatz des Zonensystems. Für unser Eintesten von Filmen können wir dadurch eindeutig die richtige Belichtung und die richtige Entwicklungszeit bestimmen.

Wenn wir uns die gesamte charakteristische Kurve genauer betrachten, werden wir schnell feststellen, dass diese in der Regel eine hochgradig nichtlineare Kurve ist und die lineare Annäherung durch eine Gerade ihre Grenzen hat. Betrachten wir dazu als Beispiel einen Film, dessen charakteristische Kurve schon deutlich vor Zone 8 abflacht (z.B. TMax 100, Abbildung 10 und Abbildung 11). Das bedeutet, unsere Näherung der charakteristischen Kurve durch eine Gerade bis Zone 8 trifft nicht mehr ganz zu. Der Film wurde bei Variante 1 mit geringerer Entwicklungszeit entwickelt als in Variante 2. Die Unterschiede sind noch moderat aber deutlich. Es gibt aber Film- / Entwicklerkombinationen, bei denen die Unterschiede im Vergleich zum Normalfall extrem sein können.

Rufen wir uns in Erinnerung, dass eine steile charakteristische Kurve zu harten Kontrasten führt und eine flache Kurve zu flauen Kontrasten. Bei harten Kontrasten werden die Grauwerte auseinandergezogen und bei flauen Kontrasten zusammengeschoben. Diese Erkenntnis können wir auch auf Teile der Kurve anwenden, wenn wir einen Vergleich mit der idealen Kurve vornehmen.

Mit Variante 1 erreicht man bis etwa Zone 6,5 die Idealkurve, aber oberhalb davon flacht die Kurve merklich ab. Es gibt eine ganze Reihe von Fotografen, die eine so geartete Film- / Entwicklerkombination intuitiv bevorzugen. Wir erreichen damit weiche Lichter, die nicht so leicht ausbrennen und eine normale Wiedergabe von Schatten und mittleren Grautönen. Der Nachteil ist, dass z.B. die schönen weißen Wolken am blauen Himmel recht flau im Abzug wiedergegeben werden.

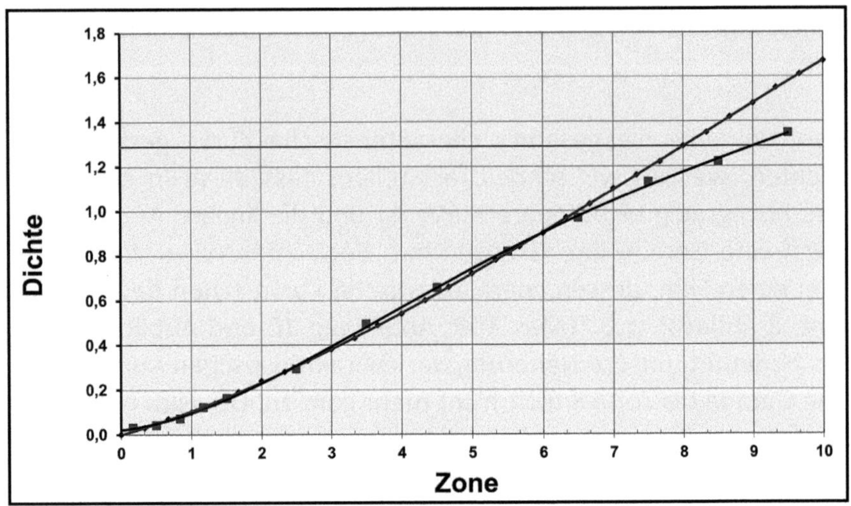


**Abbildung 10: charakteristische Kurve – Variante 1**

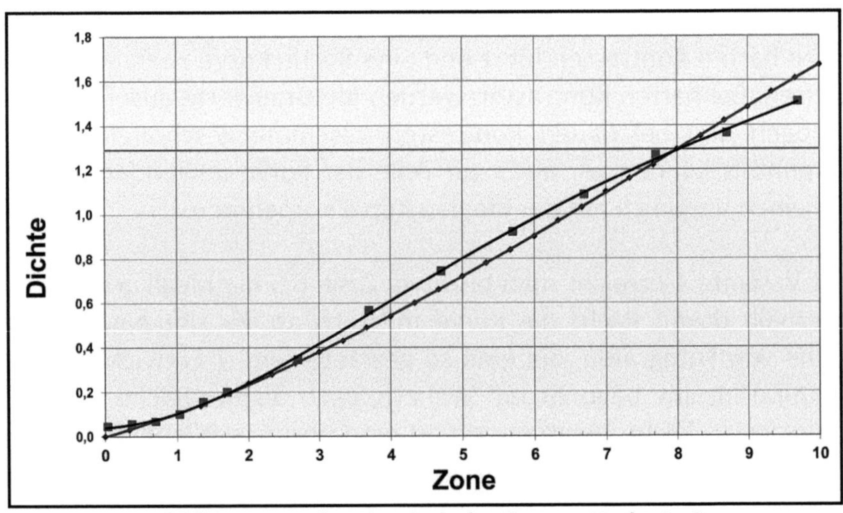


**Abbildung 11: charakteristische Kurve – Variante 2**

Variante 2 zeigt einen höheren Kontrast bei den dunklen Grautönen. Dagegen fallen dann die hellen Grautöne und Lichter im Kontrast ab.

Wir sehen damit, dass beide Variante "richtige" Wege sein können, einen Film zu belichten und zu entwickeln. D.h., bei merklich nichtlinearen Kurven gibt es kein Verfahren zur eindeutigen Bestimmung von Belichtungs- und Entwicklungszeit mehr. Die Eindeutigkeit geht verloren. Wir müssen dann ein Verfahren wählen, das zu unseren fotografischen Zielen passt. Richtig und falsch gibt es nicht. Vorteile, die wir in einem Bereich der Kurve erzielen, müssen wir mit schwächeren Leistungen in anderen Bereichen bezahlen. Eine möglichst lineare Kurve gewichtet alle Grauwertbereich gleich und hat deshalb für die Praxis eine große Bedeutung.

Beim Übergang zu merklich nichtlinearen charakteristischen Kurven erreichen wir auch die Grenzen des Zonensystems. Das bedeutet andersherum, wenn man nach dem Zonensystem arbeiten möchte, ist man auf eine Film- / Entwicklerkombination angewiesen, die im Bereich von Zone 2 bis Zone 8 eine möglichst gerade charakteristische Kurve hat.

Die charakteristische Kurve einer Film- / Entwicklerkombination liefert uns präzise Informationen über deren Abbildungseigenschaften. Es sind keine Reihen von Testaufnehmen mit den unterschiedlichsten Motiven und Lichtverhältnissen mehr nötig, um die Eigenschaften eines Films zu erkennen. Das spart Zeit und Material. Ein sinnvoller Prozess zum Eintesten einer Film- / Entwicklerkombination führt sehr schnell zu technisch hochwertigen Negativen und schafft Freiraum für mehr Kreativität.

# 10 Die "richtige" Belichtung des Films als Grundlage für feine Bilder

"Die Hohe Schule der Schwarz-Weiß-Technik wird nur noch von wenigen Könnern beherrscht. Daher sind vollendetet Schwarz-Weiß-Fotos zu einer Rarität geworden." Das schrieb Joachim Giebelhausen vor über 30 Jahren in der Einleitung zu seinem Buch zur Belichtungsmessung [10]. Und wenn man sich heute umsieht, scheint das trotz vieler neuer Techniken noch immer so zu sein.

Die Arbeit in der Dunkelkammer beim Herstellen der Prints ist dabei aber nur einer der letzten Schritte auf dem Weg zum feinen Bild. Der Grundstein für ein feines Bild wird schon bei der Wahl der richtigen Belichtungsparameter gelegt und setzt sich fort bei der Filmentwicklung. Selbst wenn wir unsere Film- / Entwicklerkombination sauber eingetestet haben, garantiert das immer noch keine "richtig" belichteten Negative.

Im Folgenden sollen speziell Motive aus der Landschaftsfotografie betrachtet werden. Hier kann man in der Regel nicht mit künstlichem Licht oder Aufhellern arbeiten, sondern man ist wegen der natürlichen Beleuchtung auf den richtigen Zeitpunkt, eine präzise Belichtungsmessung und eine exakte Filmentwicklung angewiesen.

## 10.1 Grundlagen für die Belichtungsmessung

Um Negative zu erhalten, die den Zielkorridor für die Dichte von 0,85 bis 1,15 erreichen (siehe Kap.2), ist ein abgestimmtes Zusammenspiel zwischen Belichtung und Filmentwicklung zwingend nötig. In vorausgegangenen Abschnitten wurde mit Schwerpunkt die Filmentwicklung betrachtet. In diesem Beitrag soll der Einfluss der Belichtung genauer untersucht werden.

Die digitale Fotografie ist heute so weit verbreitet, dass jeder interessierte Fotograf das Histogramm kennt. Betrachten wir ein typisches Histogramm (siehe Abbildung 12).

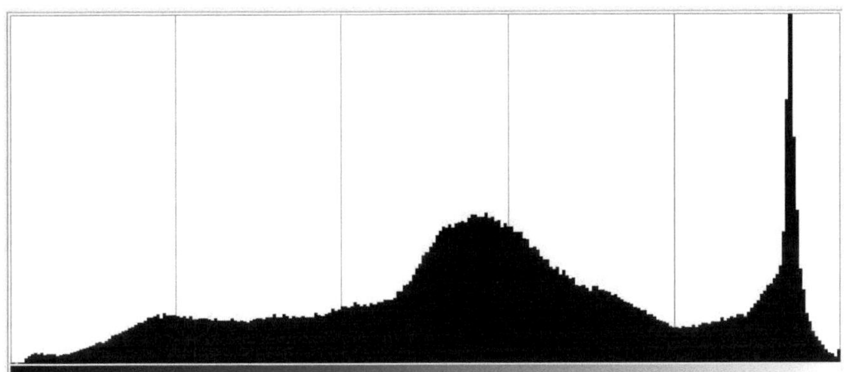

**Abbildung 12: Histogramm**

Das Histogramm zeigt die Helligkeitsverteilung eines Bildes. Auf der horizontalen Achse beginnt das Histogramm mit Schwarz und geht dann über die Grauwerte bis zu reinem Weiß ganz rechts. Die vertikalen Werte geben die Häufigkeit der jeweiligen Grauwerte an. Viele Digitalkameras zeigen heute schon vor der Aufnahme das Histogramm an. Es ist ein wesentliches Hilfsmittel zur Bestimmung der korrekten Belichtung. An einer Digitalkamera wird jetzt die Belichtung so korrigiert, dass bei den Lichtern (rechts im Bild) nichts von der Kurve abgeschnitten wird. Dann wird belichtet. Die Belichtungsparameter wären auch bei Aufnahmen auf Diafilm die richtigen. Damit erreicht man, dass die Lichter Zeichnung haben. Man nimmt damit in Kauf, dass bei hohem Kontrastumfang des Motivs die Schattenzeichnung leidet. Für Negativfilm kann man allerdings die sich so ergebenden Belichtungswerte nicht einfach übernehmen.

Wir kennen ja die wohlbekannte Fotografenregel für Negativfilm: Belichte auf die Schatten – entwickele auf die Lichter. Das bedeutet, die Belichtung muss jetzt so korrigiert werden, dass beim Histogramm im linken Teil der Kurve bei den Schatten (links in Abbildung 12) nichts abgeschnitten wird. Mehr Licht bei der Belichtung verschiebt das Histogramm nach rechts, weniger Licht nach links. Wir erreichen damit eine gute Schattenzeichnung im Negativ. Die Lichterzeichung des Films bei einem Motiv mit hohem Kontrast endet aber nicht schon bei Zone 8, sondern geht weit darüber hinaus. Hier bietet die klassische Fotografie mit Film gegenüber den digitalen Aufnahmeverfahren noch echte Vorteile. D.h., das Motiv ist auch bei hohem Kontrastumfang komplett auf Film aufgezeichnet. Die Schwierigkeit beim Vergrößern ist dann nur, den dann vorhandenen hohen Kontrastumfang mit kontrastreduzierenden Verfahren zu Papier zu bringen.

Mit diesem Wissen kann man natürlich jetzt mit einer entsprechend ausgestatteten Digitalkamera die Belichtung auch für Schwarzweiß-Aufnahmen auf Negativfilm ermitteln. Dazu ist eine digitale Kamera mit Live View, Histogramm, einfacher manueller Belichtungskorrektur und Anzeige der Belichtungsparameter nötig. Ein Eintesten der Entwicklungsparameter bleibt aber nach wie vor nötig.

Erfahrene Schwarzweiß-Fotografen kennen natürlich die große Verwandtschaft des heute allgegenwärtigen Histogramms mit der charakteristischen Kurve.

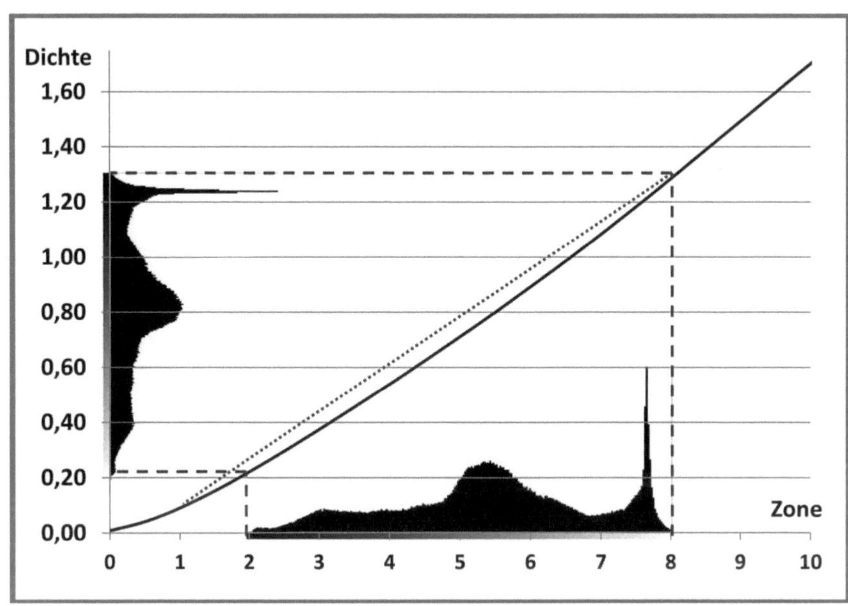


**Abbildung 13: Motiv wird auf Negativfilm abgebildet (schematisch)**

Beschriftet man das Histogramm auf der horizontalen Achse mit Zonen, erhält man die Darstellung gemäß Abbildung 13 unten. Auch hier verschiebt mehr Licht bei der Belichtung das Histogramm nach rechts und weniger Licht nach links. Die Darstellung auf dem Negativ repräsentiert das Histogramm an der vertikalen Achse. Wir sehen dabei, dass das Negativ einen Dichteumfang von lgD=1,1 hat (1,3 – 0,2) und somit in unserem oben ermittelten Zielkorridor liegt. Die charakteristische Kurve (durchgezogene Linie von 0 nach rechts oben) vermittelt die Abbildung als Kennlinie. Die gestrichelte Linie zeigt, wie diese charakteristische Kurve gerade bei den Schatten "durchhängt". Auch wenn wir uns eine Film- / Entwicklerkombination suchen, die eine möglichst gerade Kurve zeigt, wird das "Durchhängen" nicht ganz vermieden.

## 10.2 Belichtungspraxis

Da analoge Kameras kein Histogramm anzeigen können, nehmen wir einen Spotbelichtungsmesser, um das Histogramm bei den Schatten zu fixieren. Das entspricht vollkommen der oben genannten Regel, das Histogramm so weit nach rechts zu schieben, dass bei den Schatten nichts mehr abgeschnitten wird. Das ist dann der Fall, wenn die zugehörige Negativdichte auf der vertikalen Achse den Wert von etwa 0,25 überschreitet. Nur dadurch wird sichergestellt, dass von den Schatten bis zu den Lichtern alles auf dem Film ist. Andere Arten der Belichtungsmessung können das nicht garantieren. Lassen Sie uns dazu als Beispiel Abbildung 14 betrachten. Diese Aufnahme ist unmittelbar vor einem Unwetter entstanden. Nehmen wir an, wir hätten beim Eintesten der Film- / Entwicklerkombination die effektive Empfindlichkeit mit ISO 100 (= 100 ASA) ermittelt. Die bildwichtigen Schatten werden typischerweise auf Zone 3 gelegt. Der Belichtungsmesser ist werkseitig auf Zone 5 kalibriert. Zwischen Zone 3 und Zone 5 liegen 2 Blendenstufen (=2 Zonen). Wir stellen jetzt an unserem Spotmeter mit 400 ASA den vierfachen ISO-Wert ein (=2 Blendenstufen Abweichung) und messen die in Abbildung 14 markierten Schatten an. Damit ersparen wir uns das Kopfrechnen.

Mit der angezeigten Zeit- / Blendenkombination wird jetzt die Aufnahme belichtet. Wenn wir jetzt den Film entwickeln und dann unseren ersten Abzug machen, werden wir Folgendes feststellen: Aufgrund der dramatischen Witterung zeigt das Motiv einen erhöhten Kontrastumfang. Wenn wir jetzt auf einem entsprechend weichen Papier abziehen würden, um den erhöhten Kontrastumfang zu kompensieren, würde die dramatische Stimmung beträchtlich leiden. Daher wird normal abgezogen und der in Abbildung 14 markierte Schattenbereich wird abgehalten. Beim Vergrößern nach der Splitgrade-Technik wird während der weichen Belichtung abgehalten. Damit erscheinen die abgehaltenen Schatten noch kräftiger. Ergebnis: Wir erhalten einen Abzug mit voller Zeichnung, auch in den Schatten, der die Lichtstimmung authentisch wiedergibt.

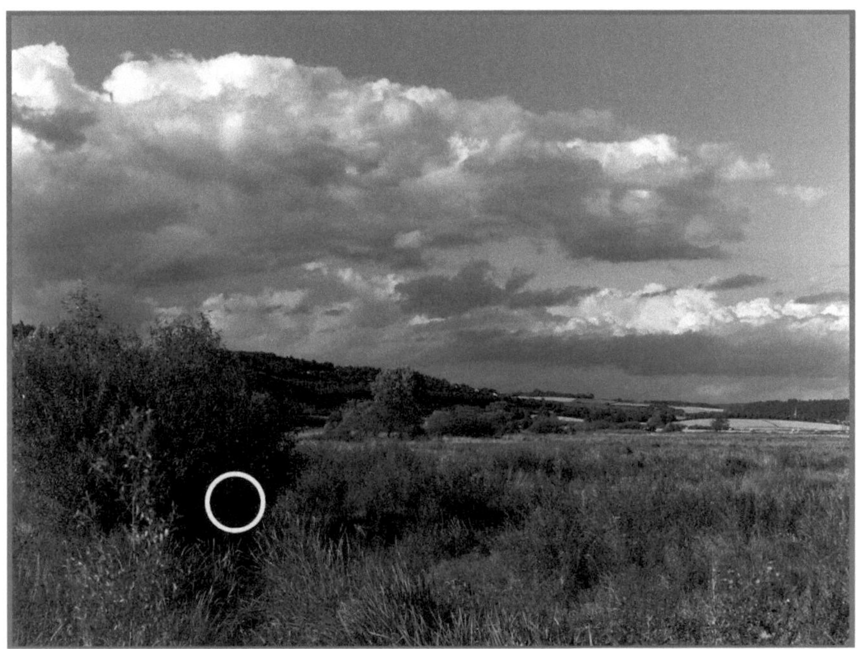

**Abbildung 14: Beispiel für Belichtungsmessung**

Betrachten wir jetzt die Alternativen bei der Belichtungsmessung. Bei einer Belichtungsmessung mittels Lichtmessung (Kalotte) oder einer Objektmessung wie z. B. mittenbetont integral wird auf mittleres Grau gemessen und für den Kontrastumfang des Motivs werden Standardwerte angenommen. In beiden Fällen wäre aufgrund des größeren Kontrastumfangs im Motiv der markierte Schattenbereich in Abbildung 14 deutlich unterhalb von Zone 3 oder gar Zone 2 platziert worden. Damit wäre das Negativ in diesem Bereich blank gewesen. Folglich hätte dann auch ein Abwedeln keine Zeichnung in diese wichtigen Schattenbereiche gebracht. Bei einem Print der

Größe 30x40 wäre dann an der markierten Stelle ein unschöner, etwa handtellergroßer, rein schwarzer Bereich ohne jede Zeichnung entstanden. Von einem "feinen Bild" wäre keine Rede mehr.

Selbst bei schwierigen Lichtverhältnissen (weiches Gegenlicht, leichter Dunst, beginnendes Frühjahr) wie in Abbildung 15 lässt sich mit einem Spotmeter zuverlässig die Belichtung bestimmen. Das Gras ist noch braun und gelb und durch den zunehmenden Dunst zur Ferne hin entsteht eine Tiefenwirkung.

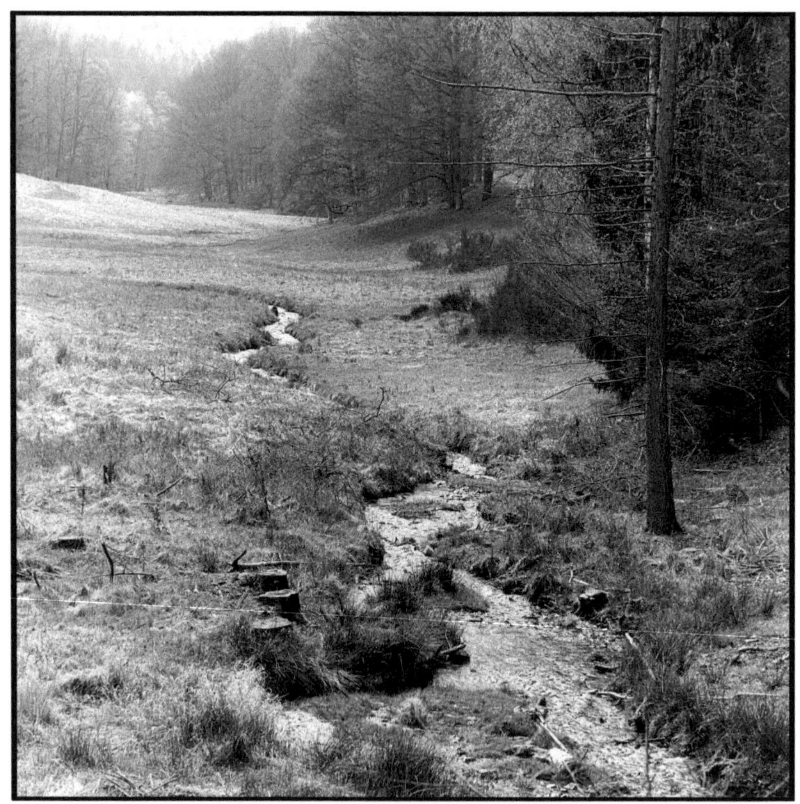

**Abbildung 15: Haseltal (Bad Orb)**

## 10.3 Besonderheiten bei der Belichtungsmessung

Es gibt drei Fälle, bei denen es sich lohnt, der Belichtungsmessung zusätzliche Aufmerksamkeit zu schenken. Dabei sind in der Praxis die letzten beiden Fälle schwer auseinanderzuhalten.

**Filter:** Bei der klassischen SW-Fotografie werden häufig Filter eingesetzt, um die Bildaussage zu steigern. Gebräuchliche Filter sind meist Rot-, Orange- oder Gelbfilter. Eine korrekte Belichtung erhält man meist, wenn man die Belichtung ohne Filter misst und dann die Belichtung um die Filterfaktoren aus dem Datenblatt des Filmherstellers korrigiert. Ersatzweise können auch die Filterfaktoren der Filterhersteller verwendet werden. Es gibt zuverlässige Untersuchungen, die eindeutig belegen, dass sich bei der Belichtungsmessung mit aufgesetztem Filter und einer Farbdominante im Bild sonst krasse Fehlbelichtungen einstellen können.

**Farbdominante**: Dieses Thema wird gerne vergessen, hat aber für SW-Filme noch andere Auswirkungen. Die meisten SW-Filme zeigen im blauen (Tmax-Filme) oder grünen Bereich (Delta-Filme) je nach Typ und Hersteller eine merklich reduzierte Empfindlichkeit. Jeder Dia-Fotograf weiß aus Erfahrung, dass gerade die Schatten einen hohen Blauanteil haben. Das bedeutet, dass bei einer Spotmessung auf die Schatten in Abhängigkeit vom verwendeten Film Belichtungszugaben nötig sein können. Auskunft über die spektrale Empfindlichkeit gibt das Datenblatt des Herstellers.

**Weiche Schatten:** Wie wir wissen, ist die charakteristische Kurve in den Schatten flach. D.h., die Schattenwiedergabe ist weich. Dem kann man mit einer Selentonung des Prints entgegenwirken. Weiterhin besteht die Möglichkeit, die Schatten durch zusätzliches Licht bei der Filmbelichtung in den stärker linearen Teil der charakteristischen Kurve zu verschieben. Man erhält dadurch zwar den gewünschten Effekt einer guten Schattenzeichnung aber auch insgesamt stärker gedeckte Negative und benötigt damit in der Dunkelkammer längere Belichtungszeiten (siehe Kapitel 17).

## 10.4 Beispiel für eine Farbdominante

In Abbildung 16 liegen Kontrastverhältnisse vor, bei denen auch eine Lichtmessung zum Erfolg führt. Die dunklen Randbereiche sind erst durch Nachbelichtung entstanden und sollen die Bildwirkung steigern.

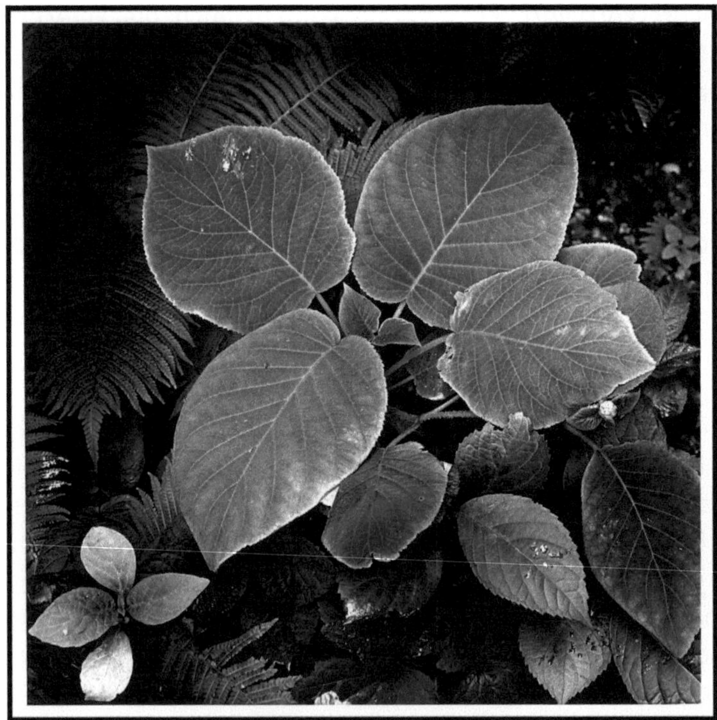

**Abbildung 16: Samthortensie**

Das Hauptmotiv tritt dadurch plastisch hervor. Die stark dominante Motivfarbe ist allerdings grün. Viele Schwarz-Weiß-Filme haben für Grün eine verminderte Empfindlichkeit. Daher sollte bei einem solchen Motiv je nach Film bis zu einer Blende mehr Licht bei der Belichtung zugegeben werden. Ansonsten werden die Grüntöne im Negativ zu hell wiedergegeben (siehe auch Weidner [9] Seite 92).

## 10.5 Kontrastbewältigung beim Vergrößern

Wenn man konsequent die Belichtung mittels Spotmessung ermittelt, kann es sein, dass die mittlere Helligkeit der Negative auf einem Filmstreifen merklich schwankt. Das ist bei wechselnden Kontrastverhältnissen bei der Aufnahme ein ganz normaler Effekt und kein Anlass zur Sorge. Offen bleibt jetzt nur, wie man den Motivkontrast und damit den wechselnden Dichteumfang des Negativs in den Griff bekommt. Die Möglichkeiten der Kontrastbeherrschung mittels Zonensystem (kontrastangepasste Filmentwicklung) werden bevorzugt in der Großformattechnik mit ihren Planfilmen eingesetzt. Wenn man mit Kleinbild- oder Rollfilm arbeitet, geht damit meist ein bewusster Verzicht auf die Möglichkeiten einer kontrastangepassten Filmentwicklung einher. Hat man, wie bei der Bühnenfotografie, überwiegend mit erhöhtem Kontrastumfang des Motivs zu kämpfen, kann eine Zweibadentwicklung der Filme hilfreich sein. Da man aber bei der Landschaftsfotografie öfter auch mit vermindertem Kontrast, z. B. bei Fernsichten, konfrontiert ist, scheidet damit eine Zweibadentwicklung meist aus. Wenn man wohl oder übel auf ein Eingehen auf die verschiedenen Kontrastumfänge der Motive bei der Filmentwicklung verzichtet, verlagert man dadurch Aufwände in die Kontrastbewältigung beim Vergrößern.

Das klassische Element der Kontraststeuerung beim Vergrößern ist die Papiergradation. Mit den heute gebräuchlichen VC-Beleuchtungssystemen am Vergrößerer lässt sich komfortabel arbeiten. Ergänzend dazu kann in vielen Fällen ein Abwedeln oder Nachbelichten erfolgreich zur Kontrastbewältigung eingesetzt werden. Weitere beliebte, kontrastreduzierende Techniken, die nur einen geringen Zusatzaufwand erfordern, sind die Vorbelichtung des Papiers und die Wasserbadentwicklung. Beide Techniken wirken im Prinzip auf das ganze Bild, beeinflussen die Schatten im Bild kaum, erhöhen aber die Lichterzeichnung merklich. Gleichzeitig werden die Lichter aber weicher. Diese Techniken sind sehr hilfreich, wenn eine komplexe Struktur des Bildes ein Abwedeln oder Nachbelichten einzelner Bereiche ausschließt. Vorbelichten und Wasserbadentwicklung kann man aber auch kombinieren. Diese Verfahren sollten aber wohldosiert eingesetzt werden, um ein Vergrauen der Lichter zu vermeiden. Gerade das Nachdunkeln bei Trocknen der Prints verstärkt den Effekt noch.

**Vorbelichtung:** Unmittelbar vor der eigentlichen Belichtung des Papiers wird das Fotopapier diffus vorbelichtet. Die Vorbelichtungszeit wird mit einem Probestreifen für eine Papier- / Entwicklerkombination im Vorfeld bestimmt. Die Vorbelichtung muss so gering bleiben, dass das Papier nach der Entwicklung nicht den geringsten Grauschleier zeigt. Dazu wird ein Teil des Probestreifens gänzlich mit einer Pappe abgedeckt, um ein Vergrauen sofort zu erkennen. Der von Heiland Electronic angebotene PaperFlasher von RH Design ist da ein probates Hilfsmittel.

**Wasserbadentwicklung:** Schon Otto Croy hat dieses Verfahren vor vielen Jahren beschrieben [12]. Das vollständig ausentwickelte Bild wird vor dem Stoppbad in eine Schale von 30 bis 40 Grad warmen Wasser gelegt. Die Entwicklerreste in der Gelatine arbeiten durch die erhöhte Temperatur speziell in den Lichtern weiter und holen noch das Letzte an Zeichnung heraus. Der Print kann dann normal gestoppt, fixiert und weiterverarbeitet werden. Die Wasserbadentwicklung kann auch lokal eingesetzt werden, indem nur Teile eines Prints den erhöhten Temperaturen ausgesetzt werden.

Die Abbildung 17 zeigt eine extreme Gegenlichtaufnahme. Die Belichtung wurde mit dem Spotmeter in den Schatten des Badestegs im Vordergrund gemessen. Der Print mit Schattenzeichnung und Zeichnung in den Lichtern gelingt nur, wenn man zusätzlich zu einer geeignet gewählten Papiergradation Vorbelichtung **und** Wasserbadentwicklung einsetzt.

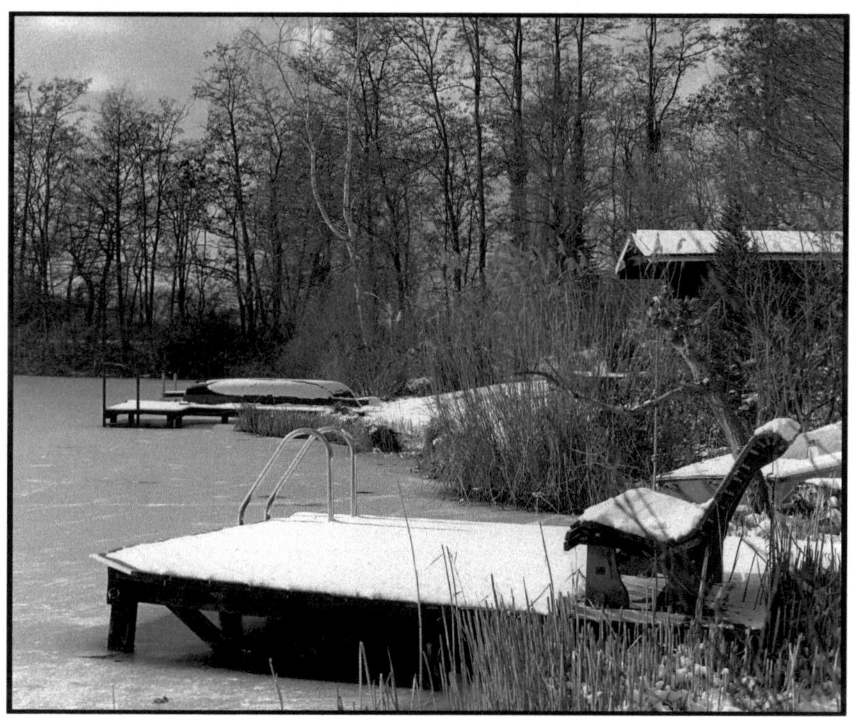

**Abbildung 17: Winter am Badesee**

Den Kontrast im Bild kann man weiter steigern, wenn man einen hart arbeitenden Entwickler nimmt oder den Entwickler höher konzentriert ansetzt.

Für den einen oder anderen Leser ist jetzt ein Punkt erreicht, wo er genügend Wissen erworben hat, seine fotografischen Prozesse besser zu verstehen, Fehler zu erkennen und Verbesserungspotentiale auszuschöpfen. Auf alle Fälle lassen sich jetzt verschiedene Film- / Entwicklerkombinationen seriös miteinander vergleichen. Im folgenden Kapitel wird beispielhaft beschrieben, wie ein solcher Vergleichstest aussehen kann.

# 11 Vergleich von Film- / Entwicklerkombinationen

Für viele Anwender ist eine Film- / Entwicklerkombination mit hoher Schärfe und feinem Korn sehr interessant, da damit qualitativ hochwertige, große Abzüge möglich sind. Hier soll jetzt ein Vergleich zwischen dem neueren Moersch Eco-Film-Developer **efd** und dem wohlbekannten CG512 durchgeführt werden. Beides sind Flüssigentwickler.

Der Moersch Eco-Film-Developer **efd** ist ein Zwei-Komponenten Entwickler (nicht zu verwechseln mit einem 2-Bad Entwickler). Das Entwicklerkonzentrat des **efd** ist in zwei Plastikflaschen mit Kindersicherung zu je einer Lösung A und einer Lösung B abgefüllt. Das verspricht eine ausgezeichnete Haltbarkeit des Konzentrats. Die Gebrauchslösung erhält man, indem man die Lösung A und B nach Anleitung mischt und dann mit möglichst demineralisiertem Wasser verdünnt. Wie von Moersch gewohnt, ist die Anleitung sehr ausführlich und enthält präzise Anweisungen zur Anwendung. Ein gründliches Durcharbeiten ist empfehlenswert. Um die Dosierung zu erleichtern, sind sehr vorbildlich der Packung zwei passende Einwegspritzen und zwei zu den Einwegspritzen passende Einsätze für die Vorratsflaschen beigefügt.

Jeder Interessierte weiß ja, dass man feines Korn, hohe Schärfe und hohe Empfindlichkeitsausnutzung **gleichzeitig** nie erreichen kann, sondern dass man exzellente Ergebnisse in einer oder zwei Disziplinen mit Kompromissen in den verbleibenden bezahlen muss. Der **efd** ist offensichtlich dafür optimiert, um bei hoher Schärfe ein feines Korn zu erreichen. Damit verbunden wurden Kompromisse bezüglich der Empfindlichkeitsausnutzung eingegangen. Damit ist dieser Entwickler für Motive wie z.B. Architektur und Landschaft prädestiniert.

## *11.1* Auswahl der Testkandidaten

Für einen ersten Test im Kleinbildformat wurde als Film der APX100 ausgewählt. Mit dem Flüssigentwickler CG512, auch als Rollei RLS im Handel, konnte man immer ausgezeichnete Ergebnisse hinsichtlich hoher Schärfe und feinem Korn erzielen. Andere Entwickler in dieser Leitungsklasse (hohe Schärfe und feines Korn) sind die Pulverentwickler Microdol-X von Kodak oder Perceptol von Ilford aber jeweils nur in der Verdünnung 1+3 oder der entsprechende Nachbau von Wolfgang Moersch mit Namen EFG. Dass dies eine hohe Messlatte ist, ist seit vielen Jahren bekannt. Schon in den 90er Jahren zu Zeiten der Zeitschrift "Foto-Hobby Labor" war der CG512 für diese Kriterien der allgemein anerkannte Referenzentwickler, der praktisch nicht zu toppen war. Besonders mit dem APX100 waren die Ergebnisse bemerkenswert und sind es noch immer.

Schauen wir mal, wie sich der Moersch **efd** im Vergleich zu diesem, am Markt gut eingeführten absolutem Schwergewicht CG512 schlägt.

## *11.2* Der Testprozess

Die verschiedenen logischen Schritte für einen Vergleich von Entwicklungsergebnissen sind ja wie folgt:

1. **Eintesten der Film- / Entwicklerkombinationen:** Es ist wichtig, dass alle im Test befindlichen Film- / Entwicklerkombinationen nach den **gleichen** Kriterien eingetestet werden. Es genügt nicht, die Herstellerangaben zu übernehmen. Die SW-Prozesse sind ja bekanntlich nicht genormt und die verschiedenen Hersteller testen ihre Produkte oftmals nach unterschiedlichen Kriterien ein. Und dann vergleicht man Äpfel mit Birnen. Durch das einheitliche Eintesten wird sichergestellt, dass die Testkandida-

ten im optimalen Parameterbereich miteinander verglichen werden. Andernfalls sind die erreichten Testergebnisse bei den Prints nämlich nicht wirklich vergleichbar. Gerade dieser notwendige erste Schritt macht einen Vergleich von Film- / Entwicklerkombinationen so aufwendig, ist aber unerlässlich, um aussagekräftige Ergebnisse zu erzielen.

2. **Aufnahmen von einem Testmotiv und Entwicklung der Negative gemäß den Ergebnissen von Punkt 1.** Hier ist eine leistungsstarke Optik (Festbrennweite) im leichten Telebereich für die Testaufnahmen ideal. Ein stabiles Stativ und ein Drahtauslöser vervollständigen die Ausrüstung. Weitwinkelobjektive sind bauartbedingt für solche Testaufnahmen weniger geeignet, da leichte Teleobjektive konstruktionsbedingt eine merklich höhere Abbildungsqualität erreichen. Nur wenn die Optik nicht der limitierende Faktor im Vergleich ist, können wir Unterschiede der Entwicklungsergebnisse zutage fördern. Wichtig ist, dass das Testmotiv auf den verschiedenen Testfilmen unter identischen Lichtverhältnissen aufgenommen wird; d.h. nicht an verschiedenen Tagen oder zu unterschiedlichen Tageszeiten.

3. **Anfertigen von Testprints und Vergleich der Ergebnisse:** Es wird eine starke Vergrößerung (Ausschnitt genügt) aus dem Zentrum des Negativs für einen Vergleich angefertigt. Ein Hochleistungsobjektiv im Vergrößerer und das Scharfstellen mit einem Kornscharfsteller sind notwendige Hilfsmittel. Wenn die Filme in Schritt 1 sauber eingetestet wurden, ist die optimale Gradation jetzt für alle Testprints gleich.

## *11.3* Ergebnisse

**Schritt 1: Eintesten der Film-/Entwicklerkombinationen**

Die Entwicklungsparameter für den APX100 in CG512 wurden ja schon eingetestet und sind bekannt. Da aber für den Test ein halber KB-Film verwendet wird, wurden bei der Testaufnahme gleich die früher schon bestimmten Entwicklungsparameter noch einmal mit überprüft.

Zum Zeitpunkt des Tests enthielt das Datenblatt zum **efd** keine Angaben für den APX100. Damit wurden im ersten Schritt die optimalen Entwicklungsparameter für den APX100 im neuen **efd** ermittelt. Im Vergleich zu anderen Filmen wurde die Bewegung reduziert. Das war dringend nötig, um eine deutlich aufsteigende charakteristische Kurve zu vermeiden. Außerdem erreicht man durch reduzierte Bewegung bei gleicher Entwicklungszeit eine Reduzierung der Dichte in den Lichtern (hohen Dichten) ohne einen Empfindlichkeitsverlust hinnehmen zu müssen. Bei der Reduzierung der Bewegung muss man darauf achten, dass keine ungleichmäßige Entwicklung entsteht. Eine Reduzierung der hohen Dichten würde man auch bei einfacher Reduzierung der Entwicklungszeit erhalten, muss aber dann meist einen Empfindlichkeitsverlust in Kauf nehmen. Kipp 15/30/1x heißt: 15 Sek. kippen, dann alle 30 Sek. 1x kippen.

| *Film* | *Entwickler* | *Verdünnung* | *Zeit* | *Kipp* | Temp | DIN | Schleier | Zone I | N-Wert | Beta | Gamma | Kurve |
|---|---|---|---|---|---|---|---|---|---|---|---|---|
| *APX100* | *Eco* | *2+1+50* | *10:00* | *15/30/1x* | 20 °C | 20 | 0,29 | 0,1 | 0,45 | 0,51 | 0,61 | leicht S |
| *APX100* | *CG512* | *1+4* | *13:00* | *15/30/1x* | 23,2 °C | 20 | 0,29 | 0,1 | 0,5 | 0,52 | 0,61 | leicht S |

**Anmerkung:** Eine Umrechnung der Entwicklertemperatur auf 24 °C ergibt die schon bekannte Entwicklungszeit von 12 min. für den APX100 in CG512.

**Tabelle 13: Entwicklungsparameter und Ergebnisse für den APX100**

Ein Vergleich der beiden charakteristischen Kurven zeigt, dass sie sehr ähnlich sind (Abbildung 18 und Abbildung 19). Die leichte S-Form der Kurve unterstützt den Schärfeeindruck im Print in den mittleren Grautönen, da hier die Steigung der Kurven vergrößert

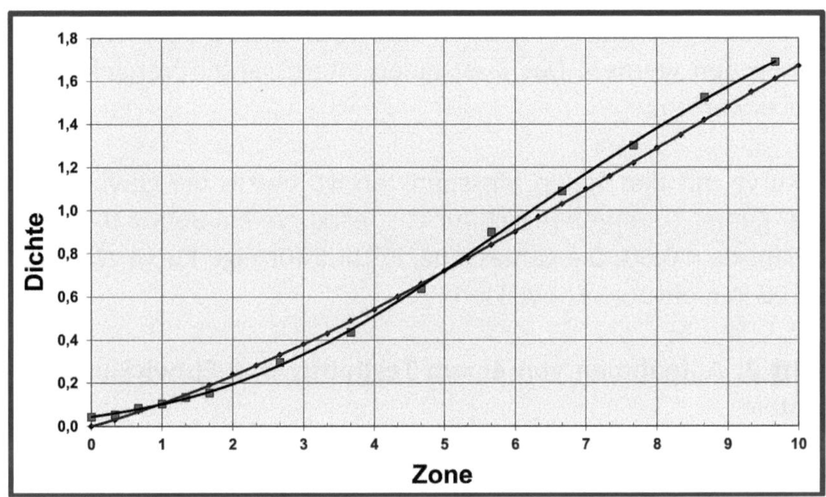

Abbildung 18: charakteristische Kurve APX100 in efd

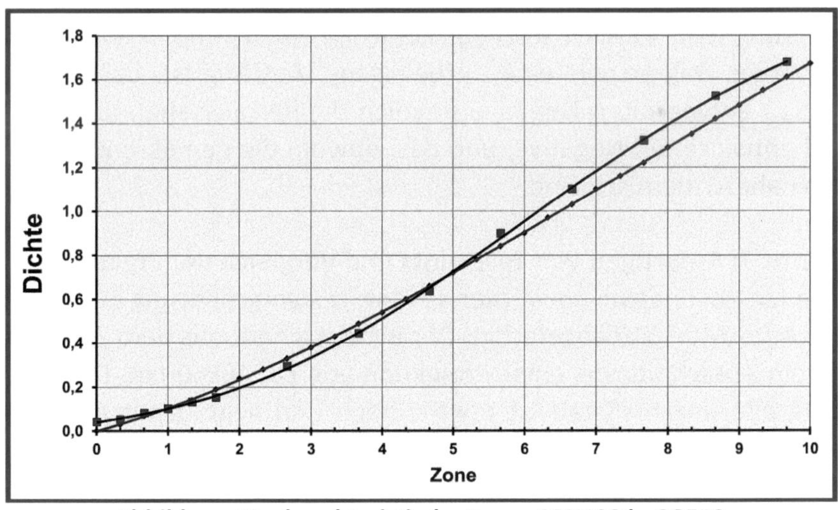

Abbildung 19: charakteristische Kurve APX100 in CG512

wird und damit die Wiedergabe etwas härter ausfällt. Bekanntermaßen wirken härtere Bilder schärfer. Aber durch den ausgeprägten Fuß ist nur eine ausreichende Differenzierung der tiefen Schatten zu erwarten. Dies kann durch eine Selentonung der Prints aber ausgeglichen werden. Das lässt einen interessanten Vergleich der Prints erwarten.

Die Kurve mit den vielen Messpunkten ist jeweils die gewünschte "Ideal-Kurve". Es ergeben sich für die Testkurve ein Beta = 0,51 und ein Gamma = 0,60. Die gemessene, leicht S-förmige Kurve zeigt der APX100 in mehreren Entwicklern.

**Schritt 2: Aufnahmen von einem Testmotiv und Entwicklung der Negative**

Das Testmotiv wurde aufgenommen mit einer Leica M6 und 90mm-Objektiv, Blende 5,6 und 1/30 Sek. auf Stativ und ausgelöst mit Drahtauslöser. In der Praxis ist für jede Testentwicklung ein halber KB-Film ausreichend. Neben den Testbelichtungen für die Dichtemessung wird so auch stets zur Kontrolle ein Testmotiv mit aufgenommen. Das erspart einen Arbeitsgang. Auffällig ist, dass die in CG512 entwickelten Negative deutlich dünner aussehen als die in **efd** entwickelten Negative, und das, obwohl die gemessenen Dichten nahezu identisch sind.

**Schritt 3: Anfertigen von Testprints und Vergleich der Ergebnisse**

Von Kleinbildnegativen werden je eine Testvergrößerung 18x24 cm auf Adox MCP 310 angefertigt. Der Bildausschnitt aus dem Zentrum ist ein Ausschnitt aus einer Projektion von ca. 40x60 cm. D.h., der Vergrößerungsmaßstab ist etwa 15fach und liegt damit noch im empfohlen Maßstabsbereich des 50er Rodagons. Scharfgestellt wurde mit einem Peak Kornscharfsteller. Auf dem Print hat das Verkehrsschild eine Größe von etwa 4 cm Höhe und 2,4 cm Breite. Die beiden Scans in Abbildung 21 zeigen einen Ausschnitt aus den jeweiligen 18x24 Prints.

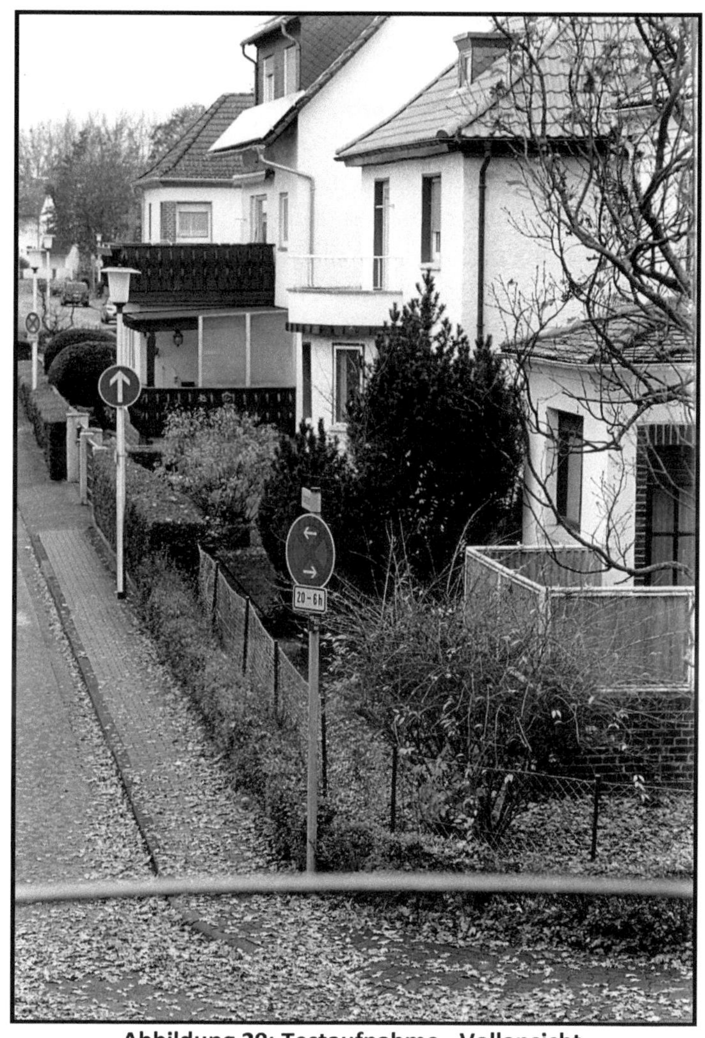


**Abbildung 20: Testaufnahme - Vollansicht**

**Resümee:** Ein schöner Kanteneffekt ist bei beiden Entwicklern deutlich sichtbar (Abbildung 21, feine schwarze Linie beim Übergang vom roten zum blauen Bereich des Verkehrsschildes). Überraschend war, dass die CG512-Negative dünner aussahen, aber eine merklich längere Belichtungszeit beim Vergrößern benötigten. Beim Printen war die Gradation für die in efd und CG512 entwickelten Negative auch per Splitgrade-Controller völlig identisch. Dies ist eine gute Bestätigung dafür, dass die Entwicklung sauber eingetestet war und die charakteristischen Kurven praktisch identisch waren. Da keine Informationen über die Körnigkeit in der charakteristischen Kurve enthalten sind, müssen Testprints angefertigt werden.

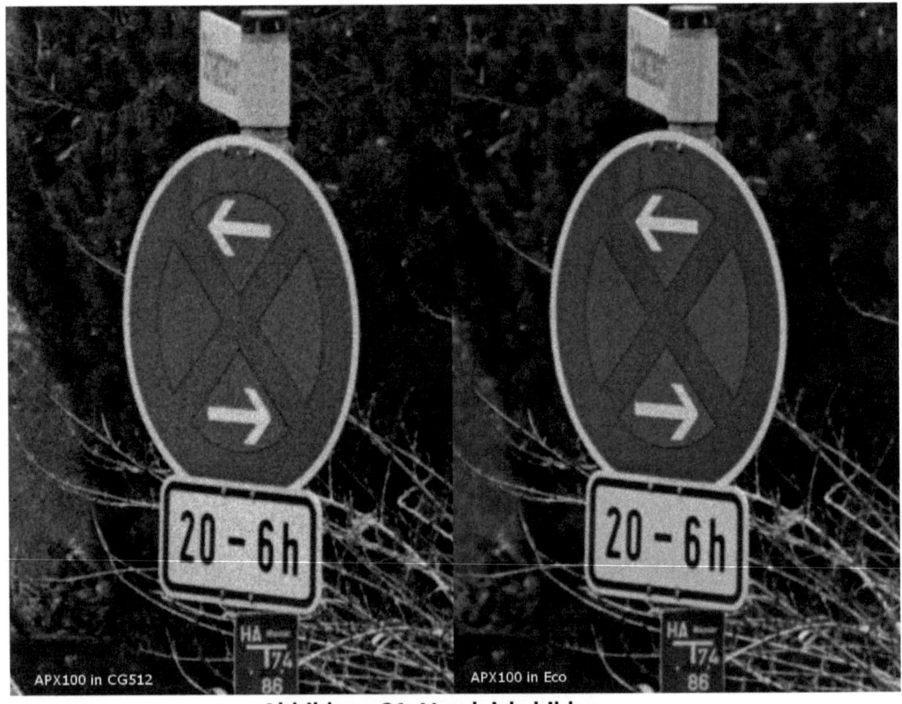

**Abbildung 21: Vergleichsbilder**

Der Entwickler efd hat die an sich schon hochgesteckten Erwartungen erfüllt. Das Bildergebnis zeigt einen leichten Gewinn an Feinkörnigkeit und Schärfe. Bitte beachten Sie aber, dass ein Scanner die Körnigkeit betont und die Unterschiede auf den Prints nicht ganz so deutlich sind. Allerdings ist die Anmutung der Prints etwas verschieden, was hier nicht sichtbar wird. Daher wird dann der persönliche Geschmack entscheiden müssen. Es ist klar, dass dieses Ergebnis so nur für den APX100 gilt. Aber es ist einer der seltenen Fälle, dass ein Entwickler etwas bessere Ergebnisse als der CG512 hinsichtlich feinem Korn und hoher Schärfe erzielt hat. Allerding darf man nicht vergessen, dass diese Unterschiede wohl erst bei sehr großen Vergrößerungsmaßstäben zutage treten. Damit wird auch der CG512 seine Freunde behalten, da z.B. die Arbeitstemperatur von 24 °C auch seine Vorteile hat. Aber der **efd** wird unzweifelhaft neue Anwender für diese Klasse von Entwicklern begeistern.

Es gibt einige praktische Gründe, die für den Einsatz des **efd** sprechen. Das hochverdünnbare Konzentrat verspricht eine gute Haltbarkeit und einen wirtschaftlichen Einsatz des Entwicklers. Wie sagte schon Kodak: Es macht keinen Sinn Wasser um die Welt zu schicken - und heraus kamen bei Kodak Pulverentwickler. Die Arbeitstemperatur von 20 °C kommt manchem Anwender entgegen und der fehlende Stain auf den Negativen, im Vergleich zu anderen Hochleistungsentwicklern aus dem Hause Moersch, vereinfacht das Vergrößern deutlich, ohne Abstriche am Bildergebnis in Kauf nehmen zu müssen. Die Devise heißt wohl für viele Filme: klasse Ergebnisse ohne Umweg über färbende Entwickler.

Damit steht dem Anwender eine gute Auswahl an leistungsstarken Entwicklern in der Kategorie hohe Schärfe und feines Korn zur Verfügung. In Tabelle 14 werden charakteristische Eigenschaften der verschiedenen Entwickler aufgeführt (speziell für den APX100). Für andere Filme können die Ergebnisse anders aussehen.

| Name | Art | Verdünnung | hohe Schärfe + feines Korn | Temperatur | Zeiten |
|---|---|---|---|---|---|
| efd | 2-Komp. flüssig | 2+1+50 | sehr gut | 20 °C | ≥ 10 Min. |
| CG512 / RLS | flüssig | 1+4 | sehr gut | 24 °C | > 10 Min. |
| Microdol-X | Pulver | Stamm 1+3 | sehr gut | 24 °C | > 10 Min. |
| Perceptol | Pulver | Stamm 1+3 | sehr gut | 24 °C | > 10 Min. |
| EFG | Pulver | Stamm 1+3 | sehr gut | 24 °C | > 10 Min. |

**Tabelle 14: Vergleich wichtiger Entwicklereigenschaften**

Bitte beachten Sie, dass für die genannten Entwickler die typischen Entwicklungszeiten alle etwas über 10 Minuten liegen. Erst diese wichtige Eigenschaft erlaubt eine Kontraststeuerung der Negative nach dem Zonensystem. D.h., es ist dadurch möglich, in Abhängigkeit vom Motivkontrast die Entwicklungszeit so zu wählen, dass ein optimales Negativ erhalten wird.

Im nächsten Abschnitt wollen wir speziell die sogenannte "empfindlichkeitssteigernde" oder Push-Entwicklung genauer betrachten. Um besser zu verstehen, was da passiert, müssen wir auch unsere Kenntnisse des Zonensystems erweitern.

# 12 Push- / Pull-Entwicklung und das Zonensystem

Viele Fotografen haben schon die Erfahrung gemacht, dass sich nur über eine Selbstverarbeitung auf Dauer befriedigende Ergebnisse erzielen lassen. Aber immer wieder starten Fotobegeisterte in die Selbstverarbeitung mit dem sog. Pushen von Schwarz-Weiß-Filmen, ohne sich mit den Grundlagen vertraut gemacht zu haben. Auf der anderen Seite wird der ernsthafte SW-Fotograf, der mit dem Zonensystem vertraut ist und Wert auf höchste Qualität legt, doch meist etwas blass, wenn er das Wort Push-Entwicklung oder "empfindlichkeitssteigernde" Entwicklung hört.

Daher wollen wir hier das Thema etwas genauer beleuchten und unsere Kenntnisse des Zonensystems vertiefen.

## 12.1 Die charakteristische Kurve - für Fortgeschrittene -

Ausgangspunkt für unsere Betrachtungen soll auch hier wieder die charakteristische Kurve oder Dichtekurve für eine Normalentwicklung (N-Entwicklung) sein. Abbildung 22 zeigt die Kurve mit Kennzahlen Gamma und Beta. Die senkrechte Achse zeigt die Dichte im Negativ und die waagerechte Achse die Stärke der Belichtung. Eine Dichte von 0,1 definiert die Filmempfindlichkeit und wird als Zone 1 bezeichnet. Verdoppelt man die Belichtung, erhält man die Dichte von Zone 2 usw. Das Verdoppeln der Belichtung wird dann meist bis Zone 10 fortgesetzt.

Ziel ist es bei der Film- und Entwicklerwahl, eine möglichst gerade Kurve zu bekommen. Die Gründe dafür haben wir ja schon kennengelernt. Wichtige Kennzahlen sind Gamma- oder Beta-Wert, die beide ein Maß für den globalen Kontrast im Negativ sind. Sie repräsentieren die Steigung der Kurve über den Bereich von Zone 1 bis Zone 8 bzw. von Zone 1 bis Zone 5. Der Gamma-Wert für eine Normalentwicklung ist etwa 0,6, während der Betawert stets etwas niedriger ist. Der sog. "durchgezeichnete Bereich" auf dem Negativ geht von Zone 2 bis Zone 8. Das sind 6 Blendenstufen. Diese 6 Blendenstufen X Gamma = 3,6 Blendenstufen. D.h., hier ist die Verbindung zu den gewünschten knapp 4 Blendenstufen in einem technisch perfekten Negativ für das Vergrößern.

**Anmerkung:** Oft wird neben dem Begriff "durchgezeichneter Bereich" auch der Begriff "volldurchgezeichneter Bereich" verwendet. Dies ist bei N-Entwicklung der Bereich von Zone 3 bis Zone 7.

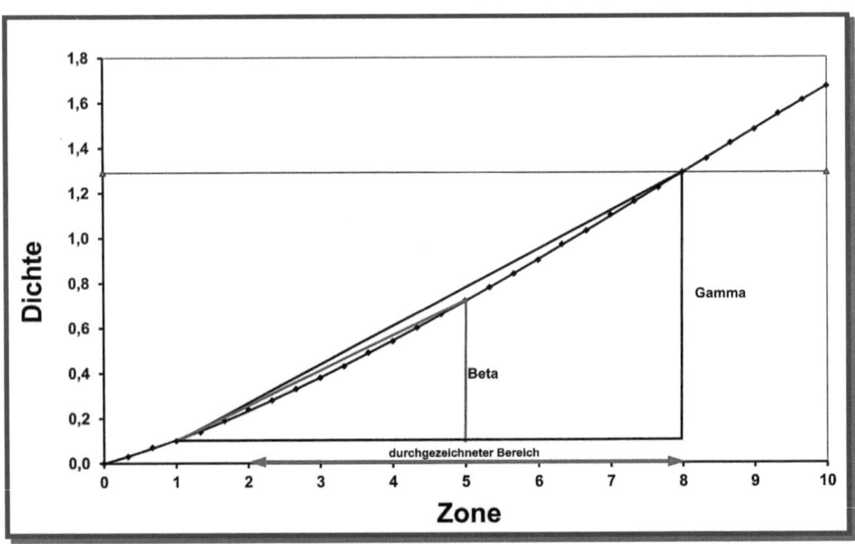


**Abbildung 22: die charakteristische Kurve bei Normal-Entwicklung**

## 12.2 Der lokale Kontrast

Da die charakteristische Kurve so detailliert vorliegt, kann man auch einen lokalen Gammawert berechnen, d.h. die Steigung der charakteristischen Kurve in jedem Punkt auf der Zonen-Achse. Abbildung 23 zeigt das Ergebnis.

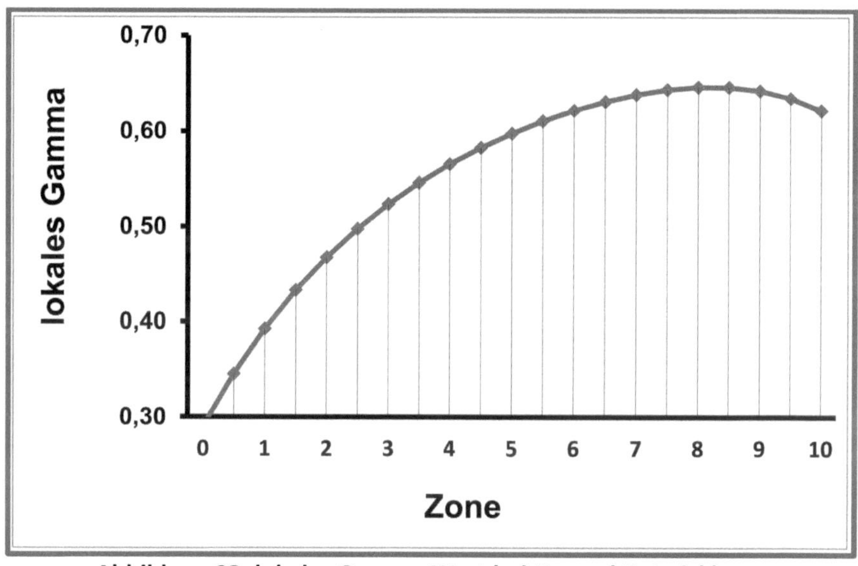


**Abbildung 23: lokaler Gamma-Wert bei Normal-Entwicklung**

Wäre die charakteristische Kurve eine Gerade mit der Steigung Gamma=0,6 so wäre die Kurve des lokalen Gammawerts hier eine waagerechte Gerade mit der Höhe 0,6. Mathematisch gesprochen ist die Kurve in Abbildung 23 die Ableitung der charakteristischen Kurve aus Abbildung 22. In der Abbildung 23 sieht man sehr deutlich, dass man bei einer realen Kurve einen Gamma-Wert von 0,6 nur in der Umgebung von Zone 5 erhält. Zu den niedrigeren Zonen hin wird der Kontrast immer niedriger und niedriger bis schließlich die Grauwerte im Orkus verschwinden. Wir merken uns: flache Kurve => niedriger lokaler Gammawert => geringe Kontraste. Spätestens jetzt wird klar, warum man immer um die Grauwerte in den Schatten bei den niedrigen Zonen so kämpfen muss.

Das zeigt uns, dass dem Zonensystem mit der Annahme einer geraden charakteristischen Kurve in der Praxis in jedem Falle Grenzen gesetzt sind.

## 12.3 Die Push-Entwicklung

Gehen wir davon aus, dass wir eine Film- / Entwicklerkombination eingetestet haben. In unserem Beispiel ist es jetzt der Tmax400 (TMY-2) in Microdol-X in der Verdünnung 1+3. D.h., wir haben die effektive Empfindlichkeit und die Entwicklungszeit für eine Normal-Entwicklung bestimmt. Betrachten wir jetzt als Beispiel ein Aufnahmemotiv mit einem reduzierten Kontrastumfang (durchgezeichneter Bereich) von 4 Blenden statt der "normalen" 6 Blenden. Die Abbildung 24 zeigt die sich ergebende Situation (N-Entwicklung) bei der üblichen Belichtungsmessung bezogen auf mittleres Grau (= Zone 5).

Die vier Blenden Kontrastumfang des Motivs werden von Zone 3 bis Zone 7 (zentriert um Zone 5) auf dem Film abgebildet. Für die untere Kurve (N-Entwicklung) ergibt sich damit auf der Dichte-Achse ein Dichteunterschied (lgD-Wert) von 1,1 – 0,35 = 0,65. Diesen zu niedrigen Kontrastumfang kann man durch eine verlängerte Filmentwicklung anheben. Da der Kontrastumfang 2 Blendenstufen niedriger ist als normal, kommt nach dem klassischen Zonensystem [1] eine Entwicklungszeitverlängerung nach N+2 zum Einsatz (obere Kurve in Abbildung 24). N+2 heißt eine Erhöhung des Kontrasts um zwei Blendenstufen. Dadurch wird der Dichteunterschied angehoben auf 1,60 – 0,55 = 1,05 und liegt damit im angestrebten Bereich. Neben der Entwicklungszeitverlängerung ist eine Push-Entwicklung verbunden mit einer Belichtungsmesserkorrektur. Es ergeben sich die Verhältnisse nach Abbildung 25.

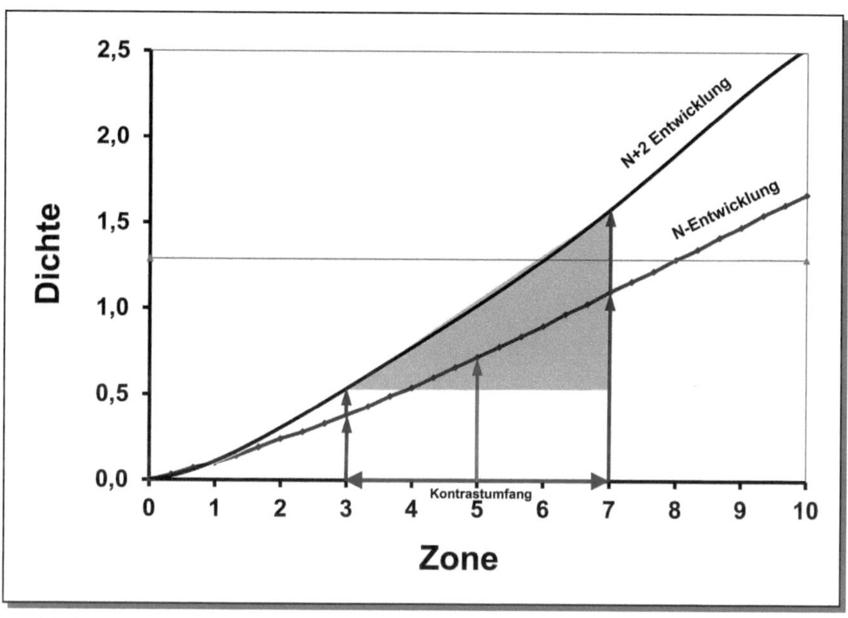


**Abbildung 24: Motiv mit reduziertem Kontrastumfang ohne Belichtungsmesserkorrektur**

Der Belichtungsmesser wird um eine Blendenstufe in Richtung höherer Empfindlichkeit hin geändert. Damit verschiebt sich der Kontrastumfang auf den Bereich von Zone 2 bis Zone 6 (zentriert um Zone 4). D.h., das mittlere Grau wird dadurch Zone 4 statt Zone 5 zugeordnet und durch die verlängerte Entwicklung auf das Level der ursprünglichen Zone 5 gebracht. Aber beachten Sie bitte: Die effektive Empfindlichkeit des Films hat sich durch die verlängerte Entwicklung überhaupt nicht geändert (Abbildung 35). Es ergibt sich ein Dichteunterschied im Negativ von 1,30 – 0,30 = 1,00. Dieser Wert liegt damit nur geringfügig unter dem Dichteunterschied von Abbildung 24.

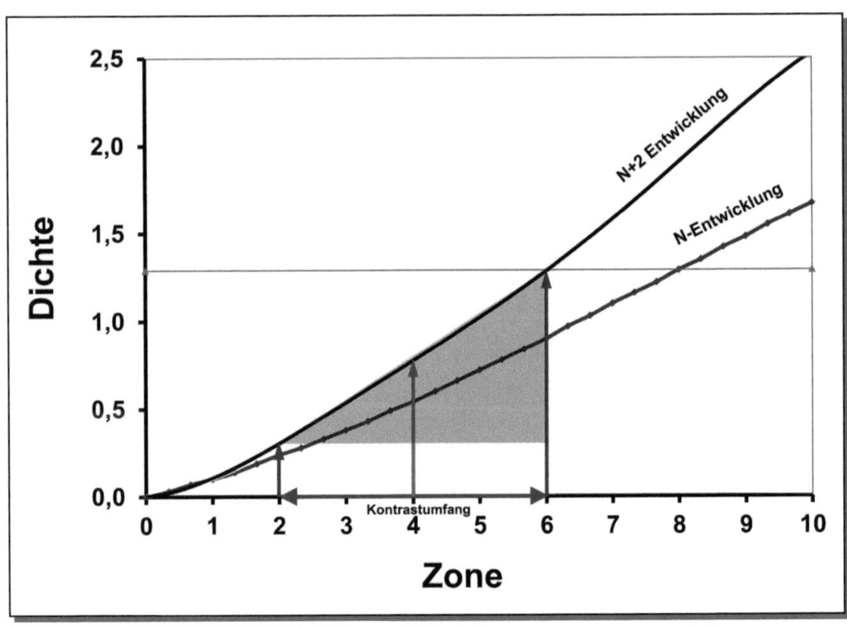


**Abbildung 25: Motiv mit reduziertem Kontrastumfang mit Belichtungsmesserkorrektur**

Fassen wir zusammen: Bei verlängerter Filmentwicklung (Push-Entwicklung) ist zu beachten:

- Die effektive Filmempfindlichkeit bleibt praktisch unverändert.
- Nur für Motive mit vermindertem Kontrast geeignet. Ansonsten Verlust von Zeichnung in den Lichtern und Schatten. Also z.B. keinesfalls Aufnahmen eines Brautpaares (Herr schwarzer Anzug, Dame weißes Brautkleid) mit verlängerter Entwicklung traktieren.
- Schleier und Korn können zunehmen.

- Belichtungsindex (EI - Exposure Index) statt effektiver Filmempfindlichkeit am Belichtungsmesser einstellen (EI = effekt. Empfindlichkeit + Belichtungskorrektur).

Die Betrachtungen rund um Abbildung 24 und Abbildung 25 kann man für die Pull-Entwicklung verallgemeinern, und man kommt zu dem vorläufigen Ergebnis (Tabelle 15). Wie wir später sehen werden, ergeben sich bei genauerer Betrachtung geringfügig andere Korrekturen.

| Kontrastumfang Motiv | Filmentwicklung | Belichtungskorrektur |
|---|---|---|
| 4 Blenden | N + 2 | - 1 Blende |
| 5 Blenden | N + 1 | - ½ Blende |
| 6 Blenden | N = 0 | keine |
| 7 Blenden | N - 1 | + ½ Blende |
| 8 Blenden | N - 2 | + 1 Blende |

**Tabelle 15: Belichtungsmesserkorrektur**

D.h. nur bei normalem Kontrastumfang (N=0) fallen effektive Filmempfindlichkeit und Belichtungsmessereinstellung (Belichtungsindex) zusammen.

## 12.4 Interpretation aus Sicht des Zonensystems

Ob man eine Push-Entwicklung um eine Stufe macht oder seinen Film verlängert nach N+2 entwickelt, macht damit praktisch keinen Unterschied. Allerdings sollte in jedem Fall ein reduzierter Motivkontrast vorliegen, um zu guten Ergebnissen zu kommen. Betrachten wir jetzt die Belichtungsmessereinstellung. Die durch Tests bestimmte effektive Filmempfindlichkeit muss nach unseren obigen Überlegungen um die Werte aus Tabelle 15 korrigiert werden. Die jetzt am Belichtungsmesser eingestellte Filmempfindlichkeit wird Belichtungsindex oder Expose Index (EI) genannt. Wir werden später noch sehen, dass die in Tabelle 15 genannten Belichtungsmesserkorrekturen noch etwas verbessert werden können.

Ganz wichtig ist die Erkenntnis, dass es keinen Sinn macht, sich eine von der Normal-Entwicklung abweichende Filmentwicklung zur Norm zu machen. Abweichungen sind hier nur durch abweichenden Motivkontrast sinnvoll zu begründen.

Von der Industrie werden spezielle Filme angeboten, die besonders für eine Push-Entwicklung empfohlen werden. Meist wird dazu noch ein passender Entwickler mitangeboten. Wenn man nun versucht, für eine solche Film- / Entwicklerkombination eine charakteristische Kurve aufzunehmen, erlebt man meist eine Überraschung. Die Kurve weicht meist sehr ausgeprägt von einer Geraden ab. Gerade in den Lichtern bleibt die Kurve auch bei verlängerter Entwicklung flach. Ein weiteres Verlängern der Entwicklungszeit hebt nur die Dichten bei den mittleren Grautönen an und betont diese dadurch. Die Schattenzeichnung wird durch längeres Entwickeln nicht mehr verbessert. Die Bilder tendieren in Richtung "Nachtaufnahmen"; d.h. schwarze Schatten, starke Kontraste in den Mitteltönen und geringe Lichterzeichnung. Dieses charakteristische Aussehen kann seinen Reiz haben. Aber das sind dann spezielle Bildeffekte, die man nicht zu oft einsetzen sollte.

## 13 Zwischenbilanz

Jetzt haben wir einen sehr wichtigen Abschnitt erreicht.

1. Wir können jetzt unsere Filme auf eine Normal-Entwicklung eintesten.

2. Wir können Film- / Entwicklerkombinationen qualifiziert miteinander vergleichen.

3. Wir wissen, wie wir unsere Belichtung im Fotoalltag messen sollten.

4. Wir haben gehört, mit welchen Methoden, neben Nachbelichten und Abwedeln, wir unsere Kontrastbewältigung in der Dunkelkammer in den Griff bekommen können.

5. Wir wissen, was wir von einer Push- oder Pull-Entwicklung erwarten können.

Damit ist ein wichtiger Grundstein für unsere Arbeiten auf dem Feld der klassischen Fotografie gelegt. Mit diesen Kenntnissen und der Verwendung von VC- oder Multigrade Papieren können wir nun wirklich große Bereiche unseres fotografischen Alltags gut abdecken und wirklich tolle Aufnahmen zu Papier bringen.

Aber das Bessere ist der Feind des Guten. Derjenige, der seine Auswertemethoden weiter optimieren oder die Kontraststeuerung durch veränderte Entwicklungszeiten perfektionieren möchte, dem seien die weiteren Kapitel ans Herz gelegt. Die dort geschilderten verbesserten Auswertemethoden sind etwas aufwendiger und lassen sich natürlich auch auf Kleinbild- oder Rollfilme anwenden, wie wir dann sehen werden. Wenn Sie an der Großformtechnik weniger interessiert sind, können Sie direkt zu Kapitel 16 wechseln.

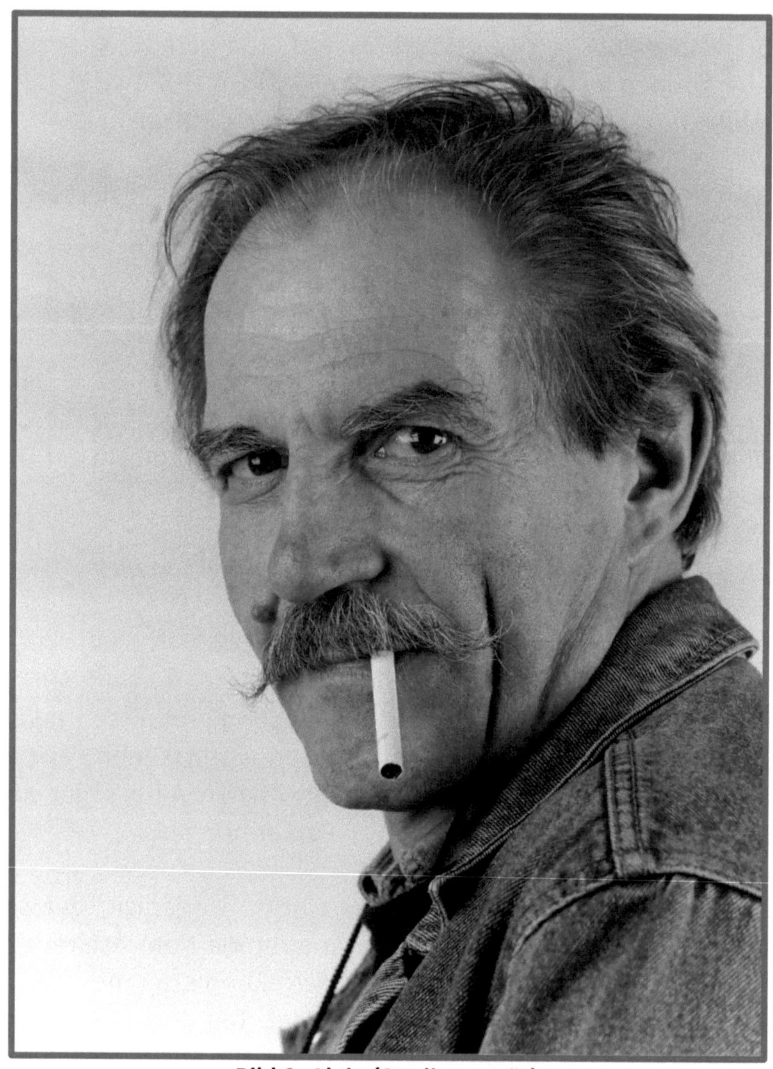

**Bild 9: Alain (Studioporträt)**

# Teil 2: Der harte Kern des Zonensystems

## 14 Eintesten von Planfilmen

Trotz aller neuen technischen Entwicklungen im Bereich der Aufnahmetechnik kann das Arbeiten mit der klassischen Großformat-Technik und Schwarz-Weiß-Filmen weiterhin hervorragende Ergebnisse liefern. In vielen Fällen kann das Arbeiten mit den großen Negativen zusätzlich großes Vergnügen bereiten und dem Fotografen eine hohe Befriedigung verschaffen. Für gewisse Themen ist aufgrund der Verstellmöglichkeiten der Kamera die Großformattechnik bis heute nicht zu ersetzen. Selbst demjenigen, der das klassische Mittelformat sehr gut kennt, erschließt sich eine neue Welt. Allerdings braucht dann das neue Gebiet eine solide Einarbeitungszeit, um sich mit der Ausrüstung und den neuen Möglichkeiten vertraut zu machen.

Ein großer Vorteil bei der Verwendung von Planfilmen liegt in der einfachen Anwendung des Zonensystems. Es kann ja im Prinzip jedes Negativ individuell entwickelt werden bzw. die Negative können in Gruppen sortiert werden und dann in Gruppen gemeinsam entwickelt werden. Daher träumen noch immer viele Menschen davon, mit einer verstellbaren Kamera zu arbeiten. Die sich damit dann ergebenden neuen fotografischen Möglichkeiten sind absolut faszinierend. Heute kann man zu günstigen Preisen entsprechende Kameras und zugehörige Objektive erwerben. Damit ist eine wichtige Einstiegshürde genommen, um endlich einmal die Verstellmöglichkeiten einer Großformatkamera zu erleben. Das größere Negativformat in Verbindung mit einer individuellen Entwicklung kann dann die Basis für besonders hochwertige Vergrößerungen sein.

Die weiteren Betrachtungen sollen dabei helfen, die neuen Möglichkeiten ohne große Umwege systematisch zu nutzen. Es werden auch Hinweise zur Entwicklerwahl und der Entwicklungstechnik gegeben.

Im Folgenden wird beschrieben, wie man durch Aufbelichten eines Stufengraukeils und Auswertung des entwickelten Testfilms zuverlässige Informationen über die Filmbelichtung und den Entwicklungsprozess erhält. Dabei wird mithilfe einer modernen Tabellenkalkulation die Auswertung der Tests deutlich vereinfacht. Das früher übliche Arbeiten mit Millimeterpapier und Kurvenlineal lernt heute niemand mehr. Ganz wichtig: Zum Eintesten sollten möglichst Filme mit derselben Chargen-Nummer genommen werden.

## 14.1 Verfahren zur Belichtung der Testnegative

### 14.1.1 Vorgehensweise

Ein bewährtes Verfahren zum Belichten von Planfilmen für das Eintesten ist das Aufbelichten eines Testnegativs (Durchlicht-Stufengraukeil) im Kontakt (siehe auch [5]). Dieses Verfahren ist besonders für Planfilme geeignet und liefert mit einem einzigen Testfilm je nach verwendetem Stufengraukeil 21 oder 31 Messpunkte für die charakteristische Kurve einer Film- / Entwicklerkombination. Als Ergebnis erhält man somit mit relativ geringem Aufwand eine zuverlässige Aussage über den gesamten Kurvenverlauf und nicht nur für Werte von ausgewählten Zonen wie z. B. in Tabelle 4. Der Verlauf der charakteristischen Kurve liefert wichtige Informationen für die Wahl einer geeigneten Film- / Entwicklerkombination.

Die Vorzüge dieses Verfahrens sind:

- Alle Messfelder sind mit derselben Belichtungszeit belichtet und absolut identisch entwickelt.
- Die effektive Filmempfindlichkeit lässt sich für jeden einzelnen Testfilm leicht feststellen, da die Belichtung mit dem normalen Belichtungsmesser ermittelt wird und mit der Kamera belichtet wird.
- Systematische Abweichungen aufgrund der verwendeten persönlichen Ausrüstung sind in den Ergebnissen enthalten.

Die Beschreibung hier bezieht sich im Folgenden explizit auf 4x5" Planfilme kann aber analog auf andere Planfilmformate angewandt werden.

### 14.1.2 Wahl eines Stufengraukeils

Bewährte Testnegative liefert die Firma Stouffer Industries. Für das Negativformat 4x5 Inch bietet sich der Stufengraukeil TP4x5-21 an. Die 21 Graustufen decken den Dichtebereich der 10 Zonen in halben Blendenstufen ab und haben eine genügende Größe für die Auswertung mit einem Densitometer. Es genügt, den kostengünstigen, nicht kalibrierten Graukeil zu erwerben. Ein Direktbezug des Stufengraukeils ist die beste Methode. Von der Bestellung bis zum Eintreffen des Graukeils sollte man ca. zwei Wochen einplanen (Bestellung per Fax, Bezahlung mit Kreditkarte, Lieferung per Brief).

Auch mit dem Stufengraukeil mit 31 Graustufen TP4x5-31 kann man arbeiten, wenn der Messkreis des Dichtemessgerätes bei der Auswertung genügend klein ist.

Für die Testbelichtung wird der Stufengraukeil geringfügig modifiziert. Wie man in Abbildung 26 erkennen kann, ist links von der Bezeichnung "TP 4x5" ein lichtundurchlässiger schwarzer Klebestreifen aufgebracht. Auf dem entwickelten Testfilm wird an dieser Stelle die Schleierdichte gemessen. Oben links in Abbildung 26 ist die Ecke mit einer Schere abgeschnitten. Diese Markierung muss beim Laden der Kassette oben rechts sein. Dadurch kann die Kontaktkopie dann Schicht auf Schicht erfolgen (siehe Abbildung 27).

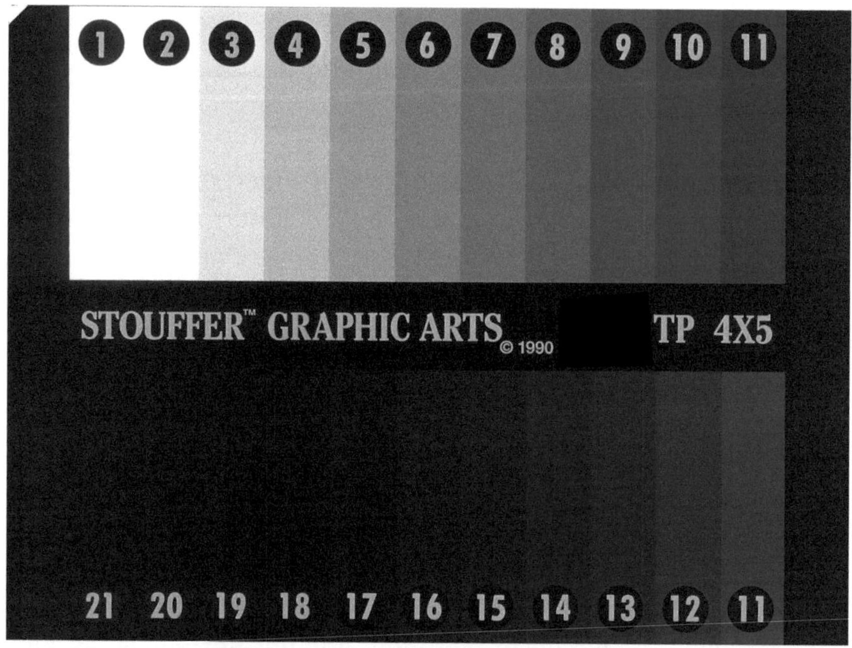


**Abbildung 26: Stufengraukeil TP 4x5 – 21**

### 14.1.3 Kalibrierung des Stufengraukeils

Der unkalibrierte Stufengraukeil wird jetzt mit dem Densitometer kalibriert. Dazu werden die Dichten der einzelnen Felder des Graukeils in drei Durchgängen ausgemessen. Dann wird für jede Stufe der Mittelwert gebildet und auf der Tasche des Graukeils in den dafür vorgesehenen Feldern notiert. **Wichtig:** Die Dichte von Schleier und Unterlage nicht abziehen, da sie ja bei der Testbelichtung wirksam werden.

Im nächsten Schritt werden die ermittelten Dichtewerte in Zonen umgerechnet. Die Leuchtdichteverhältnisse benachbarter Zonen unterscheiden sich gemäß Definition um den Faktor 2 (entspricht einer Blendenstufe). Aufgrund der Definition der Dichte erhält man so die Formel:

$$\boldsymbol{Zone = 10 - \left(\frac{Dichte}{\lg(2)}\right)}$$

Dabei ist "Zone" der gesuchte Zonenwert für ein Feld des entwickelten Testfilms. "Dichte" ist die gemessene Dichte für das zugehörige Feld des Graukeils. lg(2) ist der schon bekannte Logarithmus von 2 zur Basis 10 (lg(2) = 0,301; entspricht LOG10(2) in Excel). In vielen Fällen wird mit dem Näherungswert 0,30 gerechnet. Auch die ermittelten Zonenwerte sollten auf der Tasche des Graukeils notiert werden. Ein Beispiel ist in Tabelle 16 zu finden.

**Zur Erläuterung:** Der Ausdruck in der Klammer oben ist die schon bekannte Umrechnung einer Dichte in einen Zonen- oder Blendenwert. Per Definition gelangt bei einer Zone 10-Belichtung das Licht ohne Dämpfung auf den Film. Wird z. B. das einfallende Licht durch ein graues Feld der Dichte 0,30 so um einen Blendenwert gedämpft, wird der Film an dieser Stelle als Zone 9 belichtet.

| Stufe | 1 | 2 | 3 | 4 | 5 | 6 | 7 | 8 | 9 | 10 | 11 | 12 | 13 | 14 | 15 | 16 | 17 | 18 | 19 | 20 | 21 |
|---|---|---|---|---|---|---|---|---|---|---|---|---|---|---|---|---|---|---|---|---|---|
| Dichte | 0,04 | 0,2 | 0,37 | 0,51 | 0,66 | 0,83 | 0,98 | 1,13 | 1,28 | 1,43 | 1,6 | 1,75 | 1,92 | 2,07 | 2,23 | 2,36 | 2,53 | 2,68 | 2,85 | 2,99 | 3,14 |
| Zone | **9,87** | **9,34** | **8,79** | **8,32** | **7,81** | **7,26** | **6,74** | **6,25** | **5,75** | **5,25** | **4,7** | **4,19** | **3,62** | **3,12** | **2,61** | **2,16** | **1,6** | **1,1** | **0,55** | **0,08** | **-0,43** |

**Tabelle 16: Kalibrierung des Stufengraukeils**

Jetzt sind die Vorbereitungen für die Belichtung des ersten Testfilms abgeschlossen.

## 14.2 Belichtung eines Testfilms

### 14.2.1 Laden der Kassette

In die schon geladene Filmkassette wird jetzt zusätzlich der Graukeil über den Testfilm so eingelegt, dass Schicht mit Schicht in Kontakt kommt. Die Reihenfolge von hinten nach vorn ist damit Kassettenrückwand - Testfilm - Stufengraukeil (siehe Abbildung 27, Markierung oben links im Bild von Film und Stufengraukeil berücksichtigen). Allerdings ist nicht jede Planfilmkassette geeignet, ein Sandwich aus Graukeil und Film aufzunehmen. Mit der Kassette "Fidelity Deluxe" ist das Laden einer solchen Kombination aber möglich.

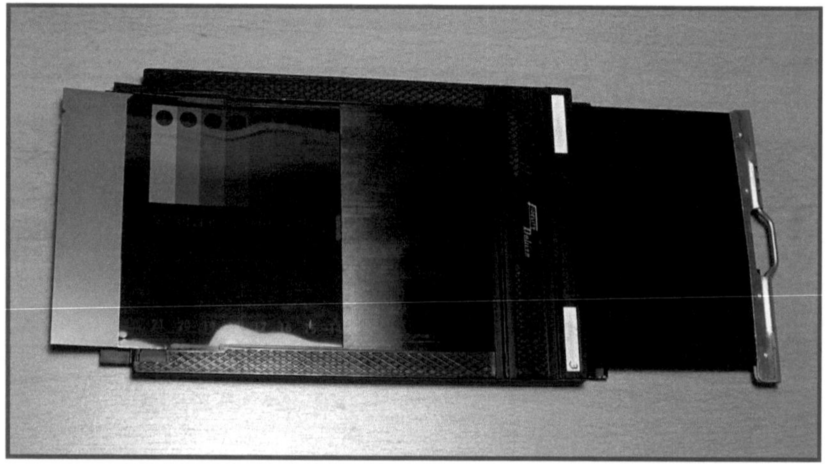

**Abbildung 27: Sandwich aus Planfilm und Stufengraukeil**

### 14.2.2 Aufbau für Testbelichtungen

Als bewährte Alternative zur vielfach beschriebenen Ablichtung einer Graukarte wird hier die Verwendung einer Mattscheibe gewählt, da man in vielen Fällen Belichtungsreihen mit einer Graukarte nur bei schönem Wetter im Schatten aufnehmen kann. Da möchte man aber lieber fotografieren als Testfilme belichten. Um vom Wetter unabhängiger zu werden, ohne die erprobte Testprozedur aufgeben zu müssen, wird eine Mattscheibe vor dem Objektiv verwendet und gegen den bedeckten Himmel fotografiert (keine Kunstlichtkorrektur nötig). Der Himmel ist deutlich heller als eine Graukarte und bei bedecktem Himmel sind keine Korrekturen aufgrund der Farbtemperatur nötig.

Die praktische Ausführung könnte so aussehen: Als Mattscheibe wird ein mattes Papier aus dem Zeichenbedarf (Transparentpapier - ohne Struktur, stärker als Butterbrotpapier) verwendet und in die Folienfilteraufnahme des Kompendiums gesteckt (10x10 cm). Zur Erhöhung der mechanischen Stabilität kann noch zusätzlich ein Stück einer transparenten Kunststofffolie (Präsentationsfolie) verwendet werden. Auf diese Weise ist der Testfilm zügig belichtet und die Ausleuchtung sehr gleichmäßig (siehe Abbildung 28).

Die Kamera wird möglichst mit einem leichten Teleobjektiv (kein relevanter Lichtabfall zum Rand hin) auf dem Stativ aufgebaut, auf "Unendlich" scharf gestellt und dann so gegen den Himmel gerichtet, dass kein störendes Hindernis im Blickfeld ist. Geht sehr schön durch ein Dachflächenfenster im Dachgeschoss.

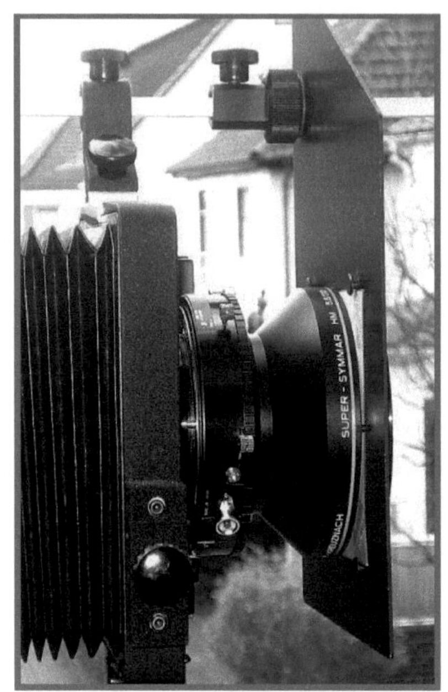

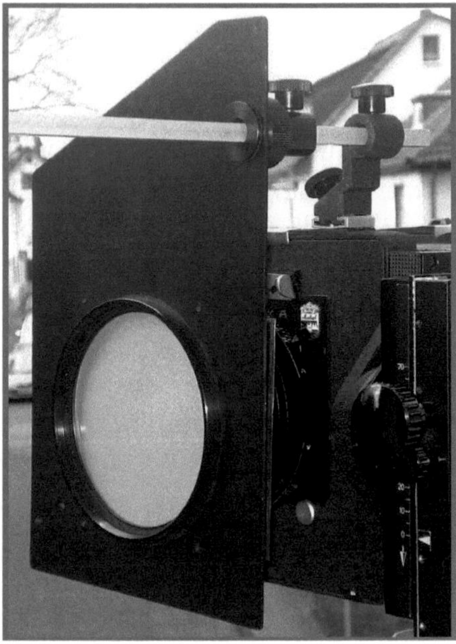

**Abbildung 28: Aufbau für Testbelichtung**

## 14.2.3 Belichtungsmessung

Der Graukeil reduziert das Licht von null ausgehend um etwa 10 Blendenstufen. Am Belichtungsmesser wird daher eine Belichtungskorrektur von -5 Blenden eingestellt (d. h. 5 Blenden mehr Licht). Damit erhält der Film unter dem blanken Feld des Stufengraukeils 5 Blenden mehr Licht (Zone 10) und die Zone 5 – Belichtung liegt in der Mitte des Stufengraukeils (vergleiche Abbildung 8).

Mit dem Belichtungsmesser wird durch die "Mattscheibe" gegen den Himmel gemessen (siehe Abbildung 29, Objektmessung - nicht durch die Kalotte messen). Als Belichtungszeit wird eine häufig gebrauchte Zeit gewählt (z. B. ¼ Sek.; keine längeren Zeiten als 1 Sek. wegen Schwarzschildkorrektur) und die zugehörige Blende wird abgelesen. Gefundene Werte notieren und am Objektiv einstellen.

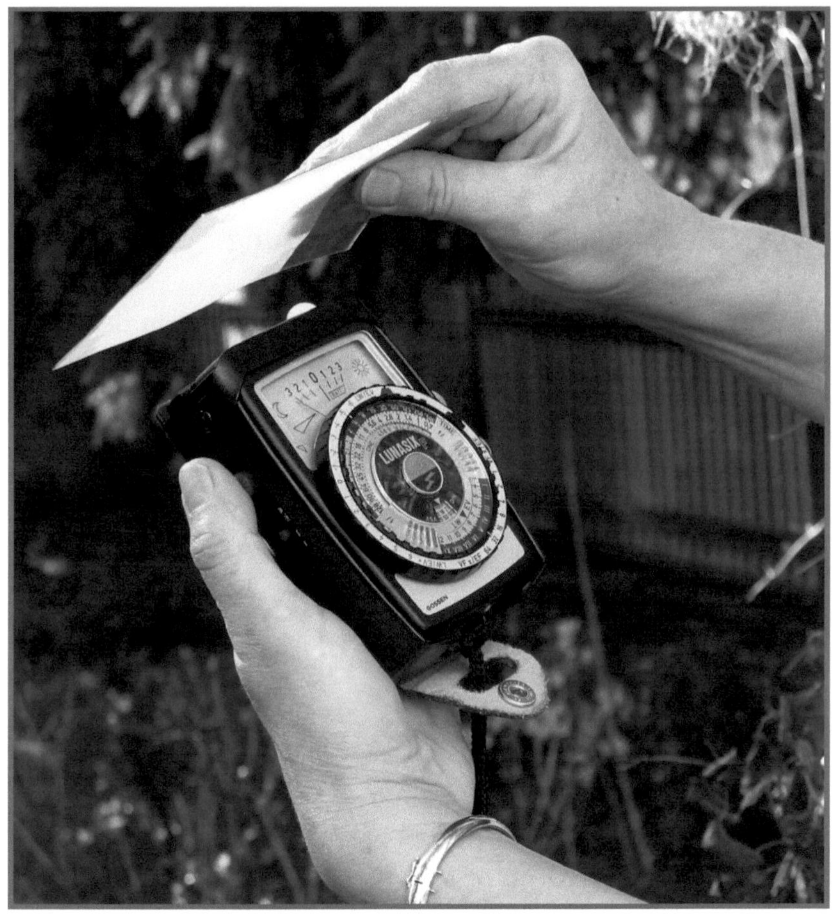


**Abbildung 29: Belichtungsmessung**

### 14.2.4 Belichtung

Die Kamera wird für die Aufnahme vorbereitet und die entsprechend vorbereitete Kassette mit dem Graustufenkeil wird eingesetzt und belichtet. Manchmal ist es zur Beurteilung einer Testentwicklung hilfreich, ein zusätzliches Negativ von einem realen Motiv zur Verfügung zu haben. Daher kann jetzt bei Bedarf auf den zweiten Film einer Doppelkassette diese Testaufnahme aufbelichtet werden.

## 14.3 Entwicklung der Testnegative

### 14.3.1 Schalen- oder Tankentwicklung

Eine Entwicklung der Planfilme kann am einfachsten in der Schale erfolgen. Der Nachteil hier ist allerdings, dass die gesamte Entwicklung zwangsläufig im Dunkeln erfolgen muss. Weiterhin gelingt es nicht jedem, mehr als einen Planfilm gleichzeitig ohne Beschädigung in der Schale zu entwickeln. Wenn dann eine größere Stückzahl von Planfilmen entwickelt werden soll, kann so ein erheblicher Zeitaufwand nötig werden.

Für das "kleine" Großformat 4x5 Inch (ev. 9x12 cm) empfiehlt sich der seit vielen Jahren unverändert hergestellte Combi-Plan Tank.

Wichtige Vorteile sind:

- In diesem Tageslicht-Kipptank können 6 Planfilme gleichzeitig entwickelt werden.
- In den meisten Fällen entsprechen die Entwicklungszeiten denen von Rollfilmen in einer Jobo 1520 – Dose.
- Der Entwicklungsprozess ist ganz ähnlich wie vom Kleinbild- oder Rollfilm her bekannt.

- Jeder Entwicklungsdurchgang kann mit frischem Entwickler erfolgen (Einmalentwicklung). Das verbessert die Reproduzierbarkeit erheblich.

- Alle entwickelten Filme können nach dem Fixieren auch im Tank gewässert werden.

Arbeitet man nur mit einem Tank, so fällt aber sofort auf, dass der Badwechsel mit ca. einer halben Minute jeweils für das Entleeren und Befüllen recht lang ist. Um die Reproduzierbarkeit zu verbessern, ist daher das von Hermann Brix beschriebene Verfahren [13] mit zwei Tanks und bei Bedarf Wasserbad zur Temperierung vorzuziehen. Die beiden Tanks werden wechselweise benutzt: Vorwässern (Tank1), Entwickeln (Tank2), Stoppen (Tank1), Fixieren (Tank2).

Durch das Vorwässern erreicht man eine gute Temperierung des Tanks mit den Filmen. Der Wechsel der Filme von einem Tank zum nächsten muss natürlich im Dunkeln erfolgen. Achtung - über die schmalen Seiten des Tanks kippen; dann verrutschen im Tank die Filme nicht so leicht.

Inzwischen ist eine weitere Möglichkeit bekannt geworden, 4x5" Planfilme im Kleintank zu entwickeln. Es ist der Planfim-Einsatz MOD 54 (www.mod54.com) für einen Paterson-Tank Multi-Unit 3 (für drei Kleinbild-Spiralen). Tank und Einsatz sind inzwischen auch bei einem deutschen Versender erhältlich ist.

Beide Tanks benötigen 1 Liter Arbeitslösung.

### 14.3.2 Wahl eines geeigneten Entwicklers

Da wir uns eine zukünftige Entwicklung unserer Planfilme nach dem Zonensystem offen halten wollen, sollte eine Film- / Entwickler-kombination folgende Anforderungen erfüllen:

- **Die normale Entwicklungszeit sollte etwa 10 Minuten betragen.** Damit liegen dann für eine kontrastangepasste Entwicklung die Entwicklungszeiten im Bereich zwischen 5 und 20 Minuten und bieten genügend Spielraum. Bei einigen Entwicklern kann man auch über eine Änderung der Verdünnung erreichen, dass die Entwicklungszeit größer als 5 Minuten und kleiner als 20 Minuten wird. Das führt allerdings zu einer etwas komplizierteren Auswertung der Testergebnisse.

- **Ein möglichst gradliniger Verlauf der charakteristischen Kurve im Bereich von Zone 2 bis Zone 8.** Damit wird gewährleistet, dass eine möglichst unverzerrte Umsetzung der Helligkeitswerte des Motivs in Grauwerte auf dem Film erfolgt. Auch die Kontrastbewältigung des Motivs soll ja ganz allgemein durch eine angepasste Entwicklung erfolgen und nicht über z. B. eine S-förmige Kurve, die nur bei bestimmten Motiven Vorteile bieten kann.

- Für jeden Entwicklungsdurchgang mit einem der genannten Kleintanks ist jeweils etwas mehr als ein Liter Entwicklerlösung erforderlich. Daher liegt es nahe, hoch verdünnbare Entwickler wie HC-110, Rodinal oder Tanol und Co. zu verwenden. Auch Fein- und Feinstkornkornentwickler wie XTOL, D-76 / ID-11, Microdol-X / Perceptol in der Verdünnung 1+3 als Einmalentwickler haben sich bewährt.

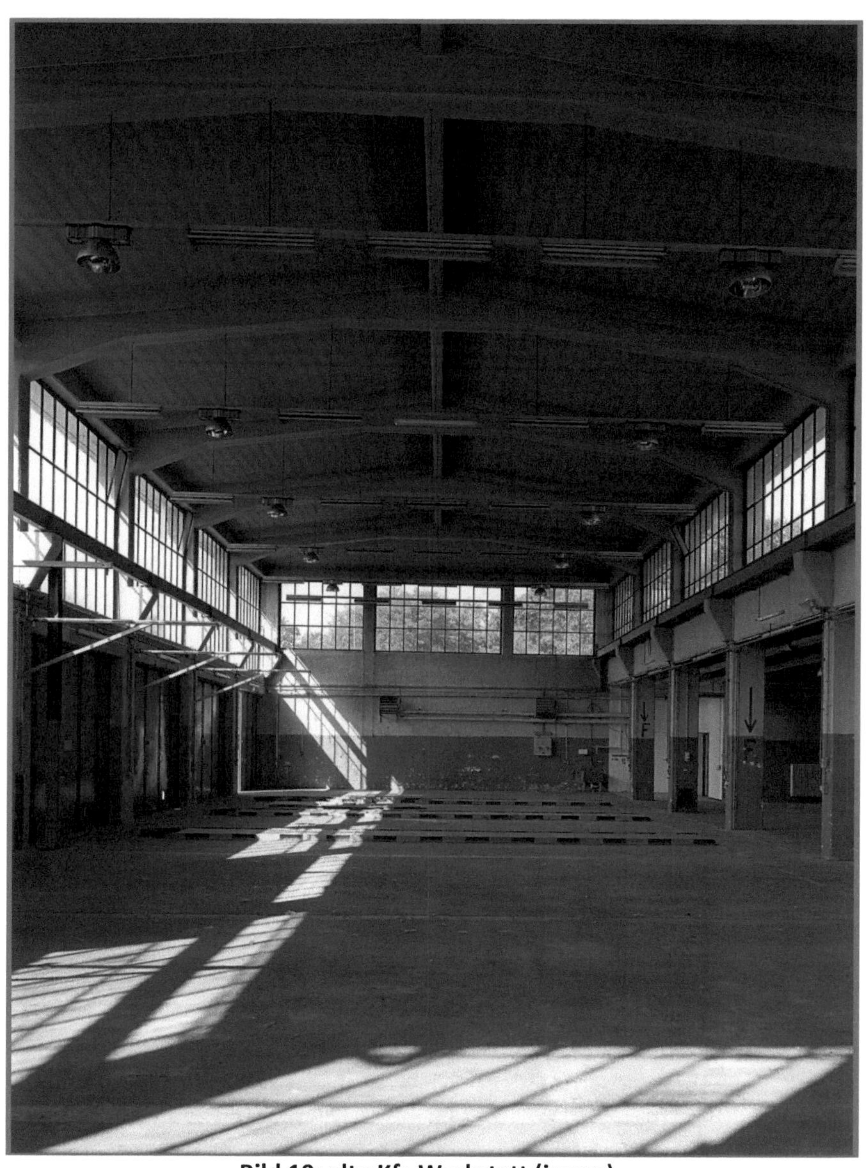

Bild 10: alte Kfz-Werkstatt (innen)

# 15 Verbesserte Auswertung der Testnegative

Rufen wir uns in Erinnerung, was wir durch unsere Tests erreichen wollen (siehe Kapitel 7).

1. Durch ein waagrechtes Verschieben der aufgenommen charakteristischen Kurve bestimmen wir die **effektive Filmempfindlichkeit**.

2. Angaben zur **Entwicklungszeit** erhalten wir durch die Dichte bei Zone 8.

3. Die Form der charakteristischen Kurve liefert uns Aussagen zu den **Abbildungseigenschaften** des Films.

Die ersten beiden Punkte werden durch die Tabellenkalkulation mit Berechnungen im Hintergrund unterstützt. Die Auswertung nach dem letzten Punkt erfolgt visuell anhand der grafischen Darstellung der Kurve.

Bitte beachten Sie, dass die für die Testbelichtung zugrunde gelegte Filmempfindlichkeit im Bereich von -1 Blende bis +1 Blende um die tatsächliche effektive Empfindlichkeit liegen muss; ansonsten ist ein Eintesten wegen fehlender Messpunkte nicht möglich.

## 15.1 Nötige Verbesserungen

Die Auswertung der Messergebnisse soll bei Planfilmen auch wieder mithilfe einer Tabellenkalkulation erfolgen. Die Zeiten von Millimeterpapier und Kurvenlineal sind vorbei.

Wenn man einen 31-stufigen Stouffer-Graukeil benutzt, ändern sich die Dichten im Prinzip in 0,10 Dichteschritten. Das entspricht ⅓ Blendenstufe entsprechend 1 DIN. Damit könnte man grundsätzlich eine Auswertung genauso vornehmen, wie in Kapitel 8 beschrieben.

Da wir aber auch die Option haben wollen, mit einem 21-stufigen Graukeil zu arbeiten, betragen die Abstände der Messpunkte auf der Zonenachse stets eine halbe Blende (= ½ Zone) oder 0,15 Dichtewerte und wir können damit nicht mehr ganz so einfach die effektive Filmempfindlichkeit auf 1 DIN genau bestimmen. Dann kommt noch hinzu, dass die tatsächliche Abstufung der Dichteschritte auf der horizontalen Zonenachse merklich von den Idealwerten abweichen kann. Bitte vergleichen Sie dazu in Tabelle 16 die Dichteunterschiede. Die tatsächlichen Abweichungen von den 0,15 - Stufen können deutlich sein. Das hat zur Folge, dass jetzt auch auf der horizontalen x-Achse (Zonen) die Abstände der Messpunkte zueinander nicht mehr immer gleich sind. Aus diesen beiden Gründen wird die Auswertung dann doch etwas komplizierter und daher ist eine geänderte Auswertung mit der Tabellenkalkulation erforderlich.

Zusätzlich wird die Auswertung in den Tabellenblättern teilweise automatisiert. Dabei werden die in der Tabellenkalkulation eingebauten Funktionen verwendet. Auf eine Verwendung von Makros wird verzichtet, da sie stark versionsabhängig sind. Wie wir dann sehen werden, sind diese neuen Auswertefunktionen auch für Tests mit Kleinbild- oder Rollfilmen sinnvoll einsetzbar.

Entsprechende Tabellenblätter für die Auswertung können Sie auf der Internetseite des Autors herunterladen [14].

## 15.2 Vorbereitung der Auswertung

Bevor die eigentliche Auswertung beginnt, wird der Referenzwert für Zone I und Zone VIII der Testreihe festgelegt (siehe Kapitel 4). Ein gebräuchlicher Dichtewert für Zone 1 ist ein Wert von D=0,1, da auch die internationale Norm mit dieser Dichte arbeitet. Viele Fotografen wählen als persönlichen Standard für eine bessere Schattenzeichnung einen etwas höheren Wert. Wie wir aber später sehen werden, hat das praktisch denselben Effekt, als wenn man die Filmempfindlichkeit etwas niedriger einstellt. Daher können wir hier ohne Einschränkung der Allgemeinheit mit einem Dichtewert von 0,1 für Zone 1 arbeiten. Für Zone 8 wird eine Dichte von 1,29 angestrebt. Wie arbeiten im Folgenden mit dem Tabellenblatt "**Filmtest_Vorlage-F21_JJJJ_xxx.xlsx**" [14] (JJJJ = Jahreszahl, xxx = Testnummer).

Für spezielle Fälle kann die Dichte für Zone 8 durch Ändern des Faktors unter "Norm" oben links im Tabellenblatt "Auswertung" an individuelle Anforderungen angepasst werden. Mit diesem Faktor werden die Normdichten multipliziert. Damit lässt sich der persönliche Standard festlegen, der z.B. durch die Art der Beleuchtung des Vergrößerers beeinflusst werden kann. In den meisten Fällen kann der angegebene D-Wert von Zone 8 von 1,29 beibehalten werden. Es ist ein guter Kompromiss für die verschiedenen möglichen Verwendungen eines Negativs. Anhand der Werte für Zone V kann man prüfen, ob die charakteristische Kurve "durchhängt" oder "aufbaucht".

## 15.3 Auswertung der Testentwicklung

Zur eigentlichen Auswertung wird dann das Densitometer eingeschaltet. Nach der Warmlaufzeit des Densitometers von einigen

Minuten wird die Kalibrierung mit einem Referenznegativ überprüft. Dann erfolgt die Testauswertung.

Für eine Protokollierung der Testentwicklung sollten als Erstes die Kopfdaten im Tabellenblatt "Messungen" eingetragen werden (Tabelle 17). Dann wird der Schleier gemessen (schwarzes Feld neben TP 4x5; Abbildung 26). Im nächsten Schritt werden die tatsächlichen Dichten in den einzelnen Feldern gemessen und in das Tabellenblatt in Spalte "Dichte" eingetragen (Dichte + Schleier). Die Spalte "D-Wert" zeigt die Dichte ohne Schleier an. Diese Werte werden automatisch in die weiteren Tabellenblätter für die Auswertung übernommen.

Die Auswertung erfolgt nach Erfassung der Messwerte weitgehend automatisiert mit Excel und der oben genannten Tabelle für den 21-stufigen Graukeil. Auch für den 31- stufigen Graukeil ist eine Excel-Tabelle "Filmtest_Vorlage-31F_J_xxx.xlsx" verfügbar (siehe [14]). Die Auswertung kann auch mit den kostenlosen Office-Paketen OpenOffice oder LibreOffice vorgenommen werden. In den Tabellen sind dann aber geringfüge Änderungen der Formatierungen nötig (siehe auch [14]).

Hier die Arbeitsschritte für die Auswertung:

1. In der Excel-Tabelle im Arbeitsblatt "Messungen" die Kopfdaten für Belichtung und Entwicklung eintragen.
2. Dichten in den Feldern messen und in Spalte "Dichte" eintragen (die Dichte mit Schleier).
3. Schleier messen und im Feld "Schleier" eintragen (Wert ist 0, wenn das verwendete Densitometer "Dichte über Schleier" direkt messen kann). In der Spalte "D-Wert" wird jetzt die Dichte über Schleier angezeigt. Ein Beispiel zeigt Tabelle 17.

| Belichtung | Film | Datum | DIN | Zeit | Blende | |
|---|---|---|---|---|---|---|
| | FP4+ | 27.02.08 | 19 | 125 | 8 | |
| | | | | | | |
| Entwicklung | Entwickler | Verdünn. | Zeit | Kipp | Temp. | |
| | XTOL | 1+2 | 11:00 | 15/30/1x | 20 °C | |
| | | | | | | |
| Auswertung | Step | Zone | Dichte | Korrektur | D-Wert | Schleier |
| | 1 | **9,87** | 1,79 | 0,00% | 1,67 | 0,12 |
| | 2 | **9,34** | 1,72 | 0,00% | 1,60 | |
| | 3 | **8,80** | 1,64 | 0,00% | 1,52 | |
| | 4 | **8,34** | 1,56 | 0,00% | 1,44 | |
| | 5 | **7,84** | 1,47 | 0,00% | 1,35 | |
| | 6 | **7,28** | 1,37 | 0,00% | 1,25 | |
| | 7 | **6,78** | 1,29 | 0,00% | 1,17 | |
| | 8 | **6,31** | 1,19 | 0,00% | 1,07 | |
| | 9 | **5,75** | 1,10 | 0,00% | 0,98 | |
| | 10 | **5,25** | 1,03 | 0,00% | 0,91 | |
| | 11 | **4,72** | 0,94 | 0,00% | 0,82 | |
| | 12 | 4,19 | 0,82 | 0,00% | 0,70 | |
| | 13 | **3,66** | 0,72 | 0,00% | 0,60 | |
| | 14 | **3,16** | 0,63 | 0,00% | 0,51 | |
| | 15 | **2,63** | 0,54 | 0,00% | 0,42 | |
| | 16 | **2,16** | 0,47 | 0,00% | 0,35 | |
| | 17 | **1,63** | 0,38 | 0,00% | 0,26 | |
| | 18 | **1,13** | 0,30 | 0,00% | 0,18 | |
| | 19 | **0,57** | 0,22 | 0,00% | 0,10 | |
| | 20 | **0,10** | 0,17 | 0,00% | 0,05 | |
| | 21 | **-0,43** | 0,12 | 0,00% | 0,00 | |
| | | | | | | |
| Bemerkungen | | | | | | |
| | | | | | | |

**Tabelle 17: Messwerte protokollieren**

Die Spalte "Korrektur" wird für Planfilme nicht benötigt. Da die Tabelle mit geringen Modifikationen aber auch für Kleinbildfilme verwendet werden kann, ist die Spalte noch vorhanden (siehe Kapitel 8.3 Verschlusszeiten).

### 15.3.1 Bestimmung der effektiven Filmempfindlichkeit

Die effektive Empfindlichkeit wird jetzt durch Verschieben der Messkurve so ermittelt, dass Messkurve und Ideal-Kurve bei Zone 1 eine Dichte von 0,1 zeigen.

1. In das Tabellenblatt "Auswertung" wechseln (Abbildung 32).
2. Durch geeignete Wahl des Parameters "off set" in Zelle "AB10" wird die gemessene Kurve so verschoben, dass die gewünschte Dichte von 0,1 für Zone I (Anzeige in Zelle AF10) erhalten wird (siehe Abbildung 32). Im Feld P3 wird jetzt die effektive Empfindlichkeit angezeigt.

### 15.3.2 Entwicklungszeit

Erst wenn die effektive Empfindlichkeit bestimmt ist, liefert uns die Dichte bei Zone 8 die nötigen Informationen zur Entwicklungszeit. Berechnet wird, bei welcher Zone die Zone 8-Dichte erreicht wird. Die Abweichung von Zone 8 ist der N-Wert des Zonensystems (N-Wert = 8 – Schnittpunkt). Dabei wird wieder davon ausgegangen, dass die charakteristische Kurve in dem interessierenden Bereich von Zone 2 bis Zone 8 möglichst gerade ist.

Um Informationen über die nötige Entwicklungszeit zu bekommen, sind folgende Schritte nötig:

1. Im Tabellenblatt "Ausgleichsrechnung" werden die Parameter der Ausgleichsrechnung angezeigt (siehe Kapitel 18.3). Dies ist eine automatische Zwischenrechnung; bitte nichts verändern. Die Parameter $A_n$ werden in das Tabellenblatt "N+/-" über-

nommen (Abbildung 31).

2. Die im Zonensystem übliche Kennzahl N wird jetzt mithilfe des Tabellenblattes "N+-" berechnet (Abbildung 31). N= 0 ist dabei eine Normal- oder N-Entwicklung. Diese ist dann gegeben, wenn die gemessene charakteristische Kurve bei Zone 8 den Referenzwert von 1,29 erreicht. Erreicht die gemessene Kurve vor oder nach Zone 8 eine Dichte von 1,29, so wird mit dem Tabellenblatt der Abstand (= N-Wert) zu Zone 8 ermittelt. Der N-Wert ist positiv, wenn die Kurve vor Zone 8 die Referenzdichte von 1,29 erreicht und negativ, wenn der Referenzwert nach Zone 8 erreicht wird.

   Für die Berechnung werden in Excel 2010 eingebaute Funktionen benutzt. Dazu wird der Cursor auf die Zelle D2 gesetzt. Unter "Daten" und der "Was-wäre-wenn-Analyse" wird die "Zielwertsuche" aufgerufen (Abbildung 30).

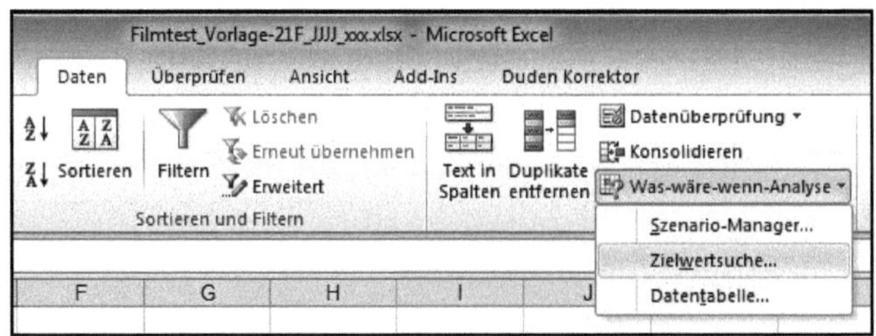


**Abbildung 30: Zielwertsuche**

Es klappt das Fenster "Zielwertsuche" auf (Abbildung 31).

Da der Cursor auf D2 stand, ist diese Zelle schon als Zielzelle eingetragen. Oben bei $f_x$ findet man für D2 die Polynomdarstellung mit den Ergebnissen der Ausgleichsrechnung. Die Dichtevorgabe für Zone 8 ist 1,29. Dieser Wert 1,29 wird als Zielwert eingetragen. Als veränderbare Zelle wird B2 in der dargestellten Form angegeben (siehe Abbildung 31). Durch Drücken des Knopfes "OK" wird die Stelle gesucht, an der die gemessene Kurve die Dichte 1,29 erreicht. Das Ergebnis wird in Zelle B2 angezeigt. Der N-Wert wir als "N +/-" in Zelle B9 (= 8 – B2) angezeigt und in das Tabellenblatt "Auswertung" übernommen (Feld "Entw. N").

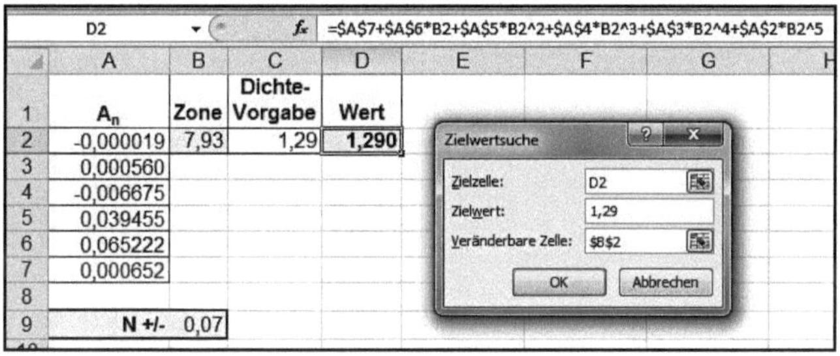

D2 =$A$7+$A$6*B2+$A$5*B2^2+$A$4*B2^3+$A$3*B2^4+$A$2*B2^5

| | A | B | C | D |
|---|---|---|---|---|
| 1 | $A_n$ | Zone | Dichte-Vorgabe | Wert |
| 2 | -0,000019 | 7,93 | 1,29 | **1,290** |
| 3 | 0,000560 | | | |
| 4 | -0,006675 | | | |
| 5 | 0,039455 | | | |
| 6 | 0,065222 | | | |
| 7 | 0,000652 | | | |
| 8 | | | | |
| 9 | N +/- | 0,07 | | |

Zielwertsuche
Zielzelle: D2
Zielwert: 1,29
Veränderbare Zelle: $B$2
OK Abbrechen

**Abbildung 31: Zielwertsuche - Parameter**

Das Tabellenblatt "Auswertung" zeigt nun alle relevanten Testergebnisse. Ein N-Wert von etwa "0" bedeutet, dass die Entwicklungszeit passt; man hat eine sogenannte Normal-Entwicklung vorliegen.

Es ergibt sich für unseren Test eine N-Entwicklung mit einer effektiven Empfindlichkeit von etwa ISO 80/20° (80 ASA / 20 DIN). Der Film wurde im Entwickler 15 Sekunden angekippt und dann alle 30 Sekunden 1x kräftig gekippt. Die Kippbewegung wurde im Gegensatz zu den üblichen Herstellerempfehlungen reduziert, um eine möglichst gerade charakteristische Kurve zu erhalten. In vielen Fällen kann man durch ein Verändern des Kipp-Rhythmus die Kurvenform beeinflussen.

| Film | FP4+ | Entwickler | XTOL | Verdünnung | 1+2 | Zeit | 11:00 | Kipp | 15/30/1x | Temp. | 20 °C | Datum | 27.02.2008 |
|---|---|---|---|---|---|---|---|---|---|---|---|---|---|
| Bemerkungen: | | belichtet | 19 DIN | effekt. Empfindlichkeit | 20,4 DIN | | | | | | | | V2 |

| Norm | | | | | | | | | | | | | | | | | | | | | | | | | | | | | | | |
|---|---|---|---|---|---|---|---|---|---|---|---|---|---|---|---|---|---|---|---|---|---|---|---|---|---|---|---|---|---|---|---|
| Zone | 0,00 | 0,33 | 0,67 | **1,00** | 1,33 | 1,67 | 2,00 | 2,33 | 2,67 | 3,00 | 3,33 | 3,67 | 4,00 | 4,33 | 4,67 | 5,00 | 5,33 | 5,67 | 6,00 | 6,33 | 6,67 | 7,00 | 7,33 | 7,67 | **8,00** | 8,33 | 8,67 | 9,00 | 9,33 | 9,67 | 10,00 |
| Faktor= 1,00 Dichte | 0,00 | 0,03 | 0,07 | **0,10** | 0,14 | 0,19 | 0,24 | 0,28 | 0,33 | 0,38 | 0,43 | 0,49 | 0,54 | 0,60 | 0,66 | 0,72 | 0,78 | 0,84 | 0,90 | 0,97 | 1,03 | 1,10 | 1,16 | 1,22 | **1,29** | 1,35 | 1,42 | 1,48 | 1,55 | 1,61 | 1,67 |

| Auswertung | | | | | | | | | | | | | | | | | | | | | |
|---|---|---|---|---|---|---|---|---|---|---|---|---|---|---|---|---|---|---|---|---|---|
| Zone | -0,43 | 0,10 | 0,57 | 1,13 | 1,63 | 2,16 | 2,63 | 3,16 | 3,66 | 4,19 | 4,72 | 5,25 | 5,75 | 6,31 | 6,78 | 7,28 | 7,84 | 8,34 | 8,80 | 9,34 | 9,87 |
| Zone neu | 0,02 | 0,55 | 1,02 | 1,58 | 2,08 | 2,61 | 3,08 | 3,61 | 4,11 | 4,64 | 5,17 | 5,70 | 6,20 | 6,76 | 7,23 | 7,73 | 8,29 | 8,79 | 9,25 | 9,79 | 10,32 |
| Dichte | 0,00 | 0,05 | 0,10 | 0,18 | 0,26 | 0,35 | 0,42 | 0,51 | 0,60 | 0,70 | 0,82 | 0,91 | 0,98 | 1,07 | 1,17 | 1,25 | 1,35 | 1,44 | 1,52 | 1,60 | 1,67 |

| off set = | 0,45 | Zone I = | 0,10 |
|---|---|---|---|
| Gamma = | 0,57 | Entw N+ | 0,07 |

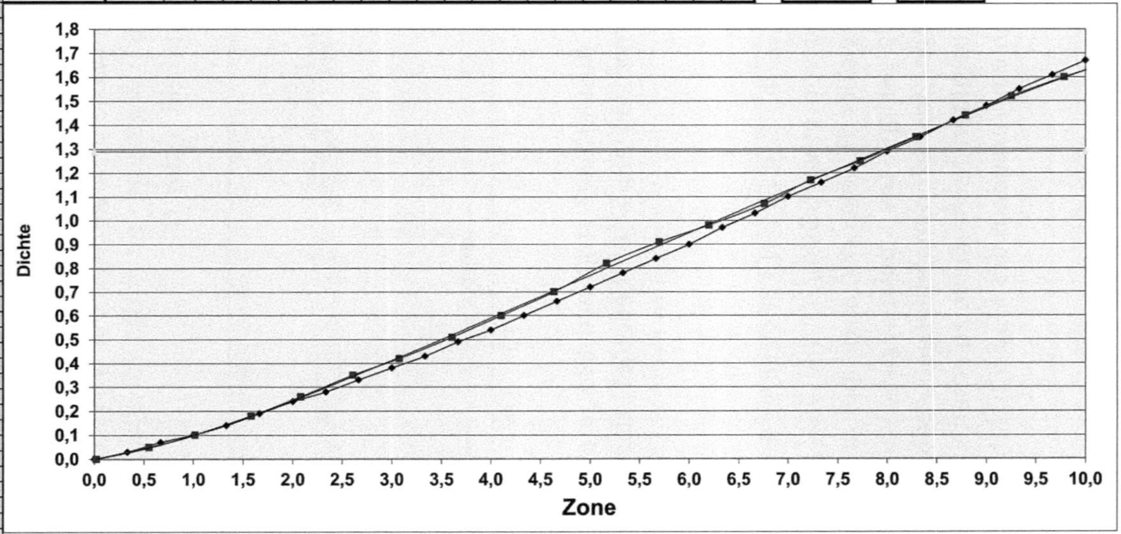

**Abbildung 32: Auswertung für Ilford FP4 plus in XTOL 1+2**

Die Änderung der Entwicklungszeit kann man gezielt zur Bewältigung von Kontrasten einsetzen, die vom "normalen" Motivkontrast (6 Blendenstufen; sog. durchgezeichneter Bereich im Print) abweichen.

Eine Entwicklung des FP4+ in Xtol in der Verdünnung 1+2 liefert nicht die Schärfe wie eine Entwicklung in Microdol-X oder Perceptol in der Verdünnung 1+3. Eine Entwicklung mit Rodinal in der Verdünnung 1+50 liefert auch sehr schöne Ergebnisse.

Im nächsten Kapitel beschäftigen wir uns mit der sogenannten kontrastangepassten Entwicklung. Das ist dann der wirklich "harte" Kern des Zonensystems.

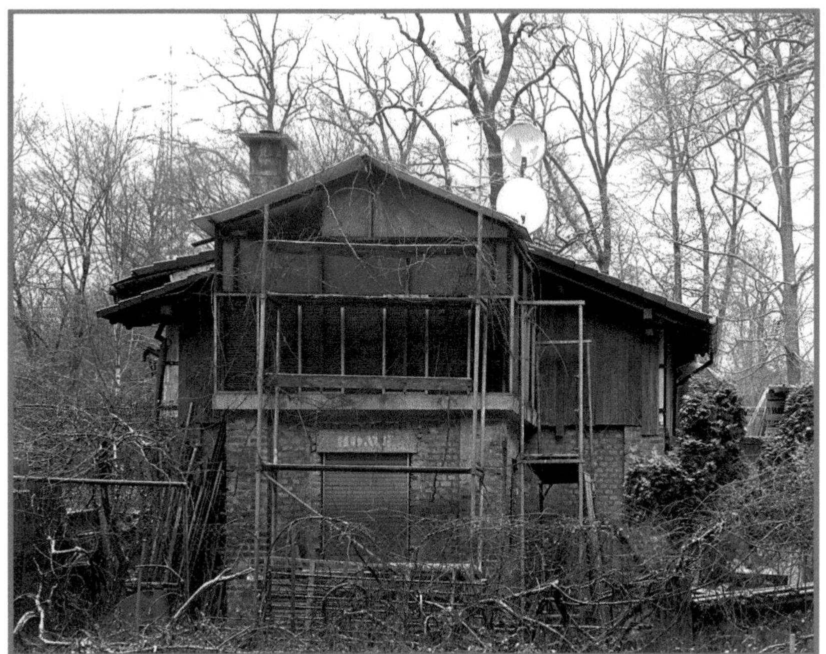

**Bild 11: Hütte**

# 16 Belichtungsmessereinstellung bei kontrastangepasster Entwicklung nach dem Zonensystem

Wenn man nach den gängigen Verfahren die Entwicklungszeit und effektive Empfindlichkeit des Films jeweils für eine N+2, N+1, N, N-1 und N-2 Entwicklung mit einem gewählten Entwickler bestimmt hat, wird man schnell feststellen, dass die Bildergebnisse beim Abweichen von einer N-Entwicklung meist unbefriedigend ausfallen und der erwartete Qualitätssprung ausbleibt. **Jetzt ist guter Rat teuer!**

In diesem Kapitel wird beispielhaft gezeigt, wie man für den Tmax 400 (TMY-2) zwei praxiserprobte **Faustregeln für Belichtung und Entwicklung** erhält, die man sich leicht merken kann. Der Tmax 400 eignet sich sehr gut für ein Arbeiten nach dem Zonensystem, da seine charakteristische Kurve in vielen Entwicklern beeindruckend gerade verläuft und das selbst noch für die hohen Dichten jenseits von Zone 10. Das im Folgenden geschilderte Verfahren lässt sich natürlich auch auf jede andere geeignete Film- / Entwicklerkombination anwenden, wenn die charakteristische Kurve möglichst gerade ist.

## 16.1 Einleitung

Dieser Abschnitt behandelt ein sehr interessantes Thema, das selbst in der vorhandenen Fachliteratur unvollständig oder recht widersprüchlich behandelt wird. Daher soll gerade diese Thematik hier besonders gründlich betrachtet werden.

In einem ersten Schritt wird das Thema präzisiert und es werden grundlegende Überlegungen anhand einer vereinfachten Schar von charakteristischen Kurven angestellt. Die so erhaltenen Ergebnisse werden dann in einem zweiten Schritt mit erhaltenen Testergebnissen der Kombination Tmax 400 / Xtol verglichen und es werden Empfehlungen für die Praxis abgeleitet.

Leser, die an den grundlegenden Überlegungen weniger interessiert sind, können gleich zum praxisorientierten Abschnitt 16.3 übergehen. Die Testergebnisse für den TMY-2 sind in Tabelle 23 am Ende zu finden.

Wenn man seine SW-Filme erfolgreich auf die sog. Normal-Entwicklung eingetestet hat, gibt es zwei Möglichkeiten, die erworbenen Kenntnisse und Erfahrungen weiterzuentwickeln. Zum einen lassen sich jetzt Film- / Entwicklerkombinationen auf sehr seriöse Art und Weise miteinander vergleichen (siehe Kapitel 11).

Die zweite Möglichkeit ist jetzt, die Parameter für eine kontrastangepasste Entwicklung zu bestimmen (Stichwort **Zonensystem**), um auch in schwierigen Lichtsituationen zu technisch ausgezeichneten Prints zu kommen und somit die eigenen fotografischen Möglichkeiten deutlich zu erweitern. Aber auch ein konsequentes Arbeiten nach dem Zonensystem liefert nicht automatisch technisch gute Prints.

Wenn man nach den gängigen Verfahren die Entwicklungszeit und effektive Empfindlichkeit des Films jeweils für eine N+2, N+1, N, N-1 und N-2 – Entwicklung in einem gewählten Entwickler bestimmt hat, wird man schnell feststellen, dass die Bildergebnisse beim Abweichen von einer N-Entwicklung meist unbefriedigend ausfallen und die erwarteten Verbesserungen ausbleiben.

Schon mancher hat versucht, diese Situation mit weiteren ausgedehnten Testreihen in den Griff zu bekommen. Dieser steinige Weg kann zum Erfolg führen. Im Folgenden soll aber aufgezeigt werden, wie anhand einiger grundlegender Überlegungen und weitergehender Auswertungen schon getätigter Tests eine sehr praktikable Lösung gefunden werden kann. So kann man dann mit 2 bis maximal 3 zusätzlichen Testentwicklungen alle für das Arbeiten mit dem Zonensystem nötigen Parameter bestimmen.

Ausgangspunkt für unsere Überlegungen ist die charakteristische Kurve für die Normal-Entwicklung (Abbildung 22). Auf der senkrechten Dichte-Achse werden die lgD-Werte im Negativ aufgetragen, auf der waagerechten Zonen-Achse die Motivhelligkeit in Zonenwerten.

Die charakteristische Kurve gibt uns an, wie stark die Negativschwärzung nach der Entwicklung von der Stärke der Belichtung abhängt. Die Belichtung für das Erreichen einer Dichte von lgD=0,1 definiert die Zone 1, die doppelte Lichtmenge Zone 2 usw. Jede weitere Verdoppelung der Lichtmenge erhöht die Zone um einen Wert. Die Lage der Zone 1 wird zur Festlegung der Filmempfindlichkeit benutzt (Speed Point).

Üblicherweise bezeichnet man den Bereich von Zone 2 bis Zone 8 als den durchgezeichneten Bereich. Bei einer N-Entwicklung (Normal-Entwicklung) wird dieser Grauwertbereich beim Vergrößern auf Papier durchgezeichnet wiedergegeben (Lichter und Schatten haben Zeichnung). Auf Zone 5 ist jeder Belichtungsmesser kalibriert.

Weicht der Motivkontrast von diesen 6 Zonen merklich ab, ist eine kontrastangepasste Entwicklung empfehlenswert. Eine für das Zonensystem geeignete Film- / Entwicklerkombination sollte im Bereich des durchgezeichneten Bereichs eine möglichst gerade charakteristische Kurve aufweisen. Die Steigung der Kurve wird in vielen Fällen durch den Gamma-Wert ausgedrückt.

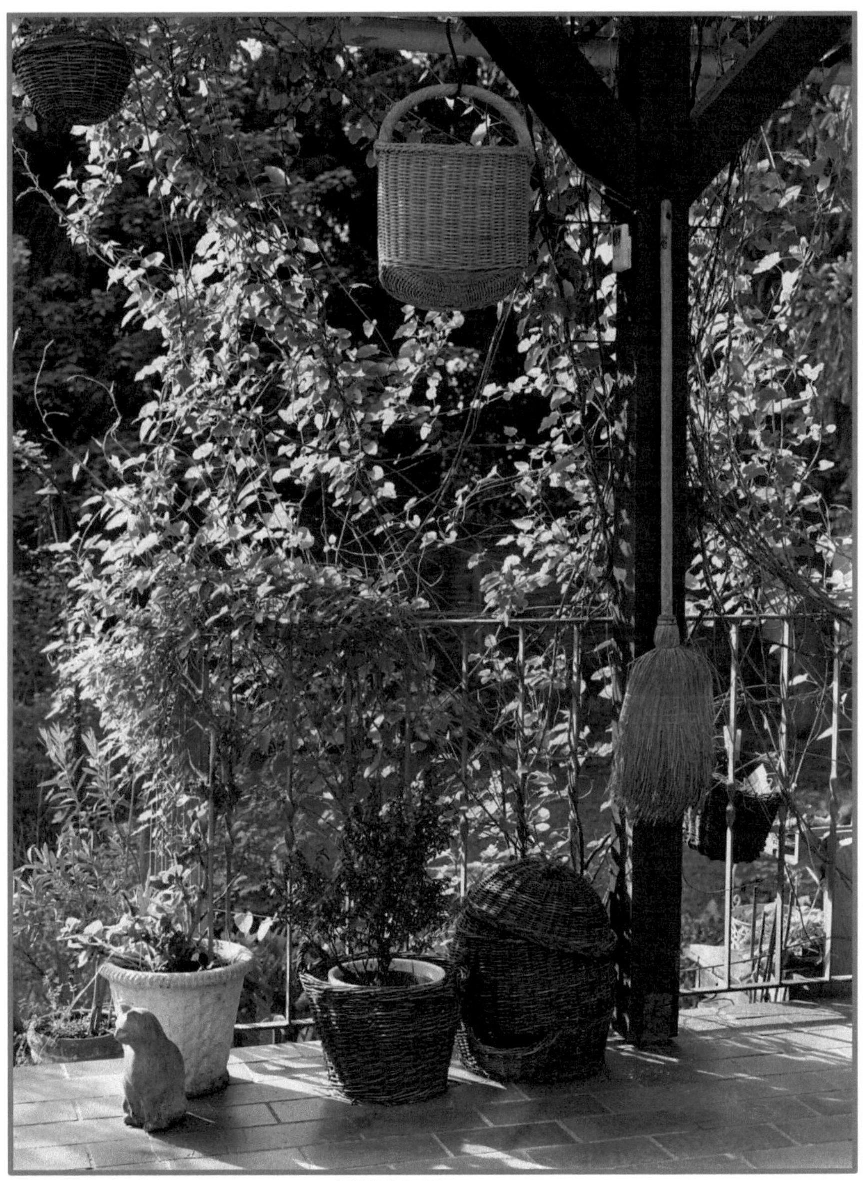

**Bild 12: Terrasse**

## 16.2 Grundlegende Überlegungen

### 16.2.1 Die kontrastangepasste Entwicklung

Wie wir aus Tabelle 18 erkennen können, ergeben sich in der fotografischen Praxis oft interessante Motive, die merklich von unserem Normalkontrast von 6 Blendenstufen abweichen können.

| **Motiv** | **Motivkontrast** | **Kontrast in Blendenstufen** |
|---|---|---|
| Nebellandschaft | 1:10 | 3,3 |
| Fernsicht | 1:20 | 4,3 |
| Straßenszenen | 1:40 | 5,3 |
| Landschaft mit viel Sonne | 1:100 | 6,6 |
| Gegenlicht im Vordergrund | 1:250 | 8,0 |
| Innenraum ohne Sonne | 1:500 | 9,0 |
| Innenraum mit Sonne | 1:1000 | 10,0 |

**Tabelle 18: typische Motivkontraste**

Durch eine Verlängerung oder Verkürzung der Filmentwicklungszeit erreicht man eine an den Motivkontrast angepasste Filmentwicklung (Tabelle 19). Der Kontrastumfang im Negativ ist dadurch genauso hoch wie bei einem "normalen" Motiv und Normal-Entwicklung. Durch Eintesten muss man die für die verschiedenen N-Werte nötige Filmentwicklungszeit und effektive Filmempfindlichkeit bestimmen.

| Kontrastumfang Motiv | Filmentwicklung |
|---|---|
| 4 Blenden | N + 2 |
| 5 Blenden | N + 1 |
| 6 Blenden | N = 0 |
| 7 Blenden | N – 1 |
| 8 Blenden | N – 2 |

**Tabelle 19: Motivkontrast und Filmentwicklung**

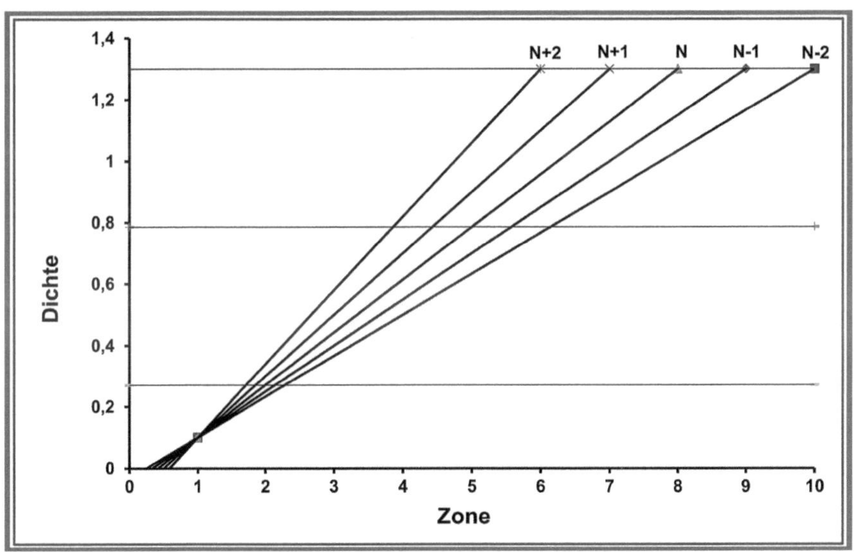


**Abbildung 33: Kurvenschar charakteristischer Kurven**

In Abbildung 33 sind die verschiedenen charakteristischen Kurven der Einfachheit halber als Geraden dargestellt. Wichtige Grundbegriffe des Zonensystems werden u.a. hier erklärt (Kapitel 12). Die dort gemachten groben Abschätzungen werden im Folgenden weiter verfeinert.

Beim Eintesten nach dem Zonensystem ist die effektive Empfindlichkeit so bestimmt worden, dass in Abbildung 33 alle Kurven bei Zone 1 die Dichte lgD=0,1 zeigen (Speed Point). Die waagerechten Linien in Abbildung 33 zeigen die Dichte für Zone 2, Zone 5 und Zone 8 jeweils der Normal-Entwicklung. Das bedeutet auf der Dichteachse, der Dichtebereich von lgD≈0,25 (von Zone 2) bis lgD=1,3 (von Zone 8) im Negativ wird beim Vergrößern durchgezeichnet wiedergegeben (lgD- Unterschiede im Negativ etwa 1).

Je nach vorhandenem Motivkontrast wird beim Arbeiten nach dem Zonensystem die Entwicklungszeit entsprechend dem N-Wert so gewählt, dass die bildwichtigen Schatten und Lichter im Print noch Zeichnung haben, d.h. in den Dichtebereich lgD 0,25 bis 1,3 fallen ("richtige" Belichtung vorausgesetzt). Dieser **durchgezeichnete Bereich** im Negativ wird im Abzug auf Papier der Gradation Normal dann mit Zeichnung wiedergegeben. Dieser Bereich wird für unsere weiteren Überlegungen zugrunde gelegt.

### 16.2.2 Die richtige Belichtung

Betrachten wir jetzt einmal die Mitte des durchgezeichneten Bereichs im Negativ (Dichte von Zone 5 bei N-Entwicklung, mittlere waagerechte Linie). Es ist jetzt eine plausible Forderung, dass auch bei einer von der Normalentwicklung abweichenden Entwicklung die Mitte des durchgezeichneten Bereichs im Negativ mit der Mitte des durchgezeichneten Bereichs im Motiv zusammenfallen soll.

Grundsätze für richtige Belichtung lauten:

1. Die Belichtung sollte so gering sein, dass noch alle bildwichtigen Schattendetails im Bild wiedergegeben werden.

2. Wichtige Helligkeitswerte im Motiv sollen in definierte Grauwerte im Negativ umgesetzt werden (Prävisualisierung).

Nach diesen allgemeinen Grundsätzen wollen wir jetzt sinnvolle Belichtungskorrekturen für die verschiedenen N-Stufen der Entwicklung bestimmen. Diese Belichtungskorrekturen müssen dann bei der Aufnahme zusätzlich zu den in den Tests ermittelten effektiven Filmempfindlichkeiten berücksichtigt werden.

Eine Analyse der Eigenschaften der Kurvenschar in Abbildung 33 macht deutlich, dass für alle Kurven der Dichtewert für Zone 1 durch eine geeignet gewählte effektive Empfindlichkeit gleich ist. Wenn wir uns jetzt die Dichtewerte für Zone 2, Zone 5 und Zone 8 der N-Entwicklung ansehen (waagerechte Linien), dann sehen wir sofort, dass sich bei von der N-Entwicklung abweichenden Entwicklungszeiten die Zonenwerte für die gewünschten Dichten verschieben. Wenn man jetzt einer bestimmten Motivhelligkeit eine Negativdichte von z.B. Zone 5 der N-Entwicklung zuordnen will, muss bei der Belichtungsmessung jetzt eine Belichtungskorrektur berücksichtigt werden.

Es bieten sich jetzt zwei Möglichkeiten für die **Berechnung einer Belichtungskorrektur** an. Der Belichtungsmesser wird in Abhängigkeit vom geplanten N-Wert der Entwicklung so korrigiert:

**Variante 1:** Der mittlere Grauwert im Motiv erzeugt dieselbe Dichte wie die Zone 5 im Motiv bei einer N-Entwicklung.

oder

**Variante 2:** Die Mitte des durchgezeichneten Bereichs im Negativ (Dichteachse) fällt im Motiv mit der Abbildung der Mitte des geplanten durchgezeichneten Helligkeitsbereichs zusammen.

Beide Forderungen sind Verallgemeinerungen der für eine N-Entwicklung geltenden Zusammenhänge. Wenn die charakteristischen Kurven, wie oben angenommen, Geraden sind, fallen diese beiden ähnlich klingenden Forderungen auch bei Veränderung der Entwicklungszeit zusammen. Wie wir dann später sehen werden, gilt das nicht mehr, wenn die charakteristischen Kurven von Geraden abweichen. Dann erhält man Unterschiede. Eine Verschiebung auf der Zonenachse nach rechts erfordert eine höhere Belichtung, eine Verschiebung nach links eine niedrigere.

### 16.2.3 Berechnung der Belichtungskorrektur

Die nötige Belichtungsmesserkorrektur kann man einfach in Abbildung 33 ablesen oder mittels elementarer Bruchrechnung berechnen. Der Schnittpunkt der mittleren horizontalen Dichtelinie für Zone 5 der N-Entwicklung mit den jeweiligen charakteristischen Kurven liefert auf der Zonenachse einen Zonenwert. Dieser Wert wird um 5 (entspricht Zone 5; der Belichtungsmesser ist ja auf Zone 5 kalibriert) vermindert und liefert damit die gesuchte Belichtungskorrektur in Blendenstufen.

| | Beli.-Korr. | Beli.-Korr. |
|---|---|---|
| **N+2** | -1,14 | -8/7 |
| **N+1** | -0,57 | -4/7 |
| **N** | 0 | 0 |
| **N-1** | 0,57 | 4/7 |
| **N-2** | 1,14 | 8/7 |

**Tabelle 20: Belichtungsmesserkorrektur in Blendenstufen (berechnet)**

**Diese Belichtungskorrekturen sind universell und gelten für alle Film- / Entwicklerkombinationen mit einer geraden charakteristischen Kurve.**

Das bedeutet, bei einer geraden charakteristischen Kurve sind die obigen Korrekturen zusätzlich zu der ermittelten effektiven Empfindlichkeit zu berücksichtigen. Mit einem einfacheren Model wurden in Kapitel 12.3 schon einmal Belichtungskorrekturen ermittelt. Bei den dortigen Plausibilitätsbetrachtungen wurde implizit davon ausgegangen, dass sich die Geraden bei Zone 0 schneiden und nicht schon bei Zone 1. Dadurch erhält man geringfügige Korrekturen für die Zone 5 - Dichten. Wenn man aber berücksichtigt, dass man die Belichtung nur in 1/3 Blendenstufen ändern kann (Filmempfindlichkeitseinstellung), bringt das verbesserte Model aber nur eine geringe Verbesserung.

## 16.3 Eintesten nach dem Zonensystem

Wenn man seine Filme eintestet, benötigt man in vielen Fällen drei Testentwicklungen, bevor man die Parameter für eine Normal-Entwicklung (N-Entwicklung) bestimmt hat. Mit zwei weiteren Testentwicklungen hat man nun die Chance eine vorgegebene Film- / Entwicklerkombination auch nach dem Zonensystem komplett einzutesten. Damit ist der zusätzliche Testaufwand überschaubar.

### 16.3.1 Wahl der Film- / Entwicklerkombination

Eine für das Zonensystem geeignete Film- / Entwicklerkombination sollte bei N-Entwicklung im Bereich von Zone 2 bis Zone 8 eine möglichst gerade charakteristische Kurve aufweisen.

Eine N-Entwicklungszeit von etwa 10 Minuten bietet den nötigen Spielraum für eine kontrastangepasste Entwicklung nach dem Zonensystem. Man erhält dann Entwicklungszeiten für eine kontrastangepasste Entwicklung im Bereich von 5 bis 20 Minuten.

Hier wird als Film der **Kodak Tmax 400 (TMY-2)** gewählt und in **XTOL** in der Verdünnung 1+3 bei 24 °C entwickelt. Der TMY-2 ist für unsere Zwecke sehr gut geeignet, da er selbst bis in die hohen Dichten noch einen sehr geraden Verlauf der charakteristischen Kurve zeigt.

Der in der Vergangenheit vom Autor bevorzugt verwendete Entwickler Microdol-X ist nicht mehr im Handel. Ein Vergleich der drei Entwickler Microdol-X (1+3), Xtol (1+3) und HRX-3 von Spur ergab für den TMY-2, dass bei Planfilmen die Prints von mit Xtol oder HRX-3 entwickelten Negativen nicht zu unterscheiden waren. Die Prints von mit Microdol-X entwickelten Negativen hatten bei etwas geringerer Ausnutzung der Filmempfindlichkeit im Vergleich dazu ein geringfügig feineres Korn, waren dafür aber geringfügig weniger scharf. Insgesamt waren die Unterschiede aber ohne Bedeutung, sodass man mit gutem Gewissen das praktisch überall erhältliche Xtol einsetzen kann. Die N-Entwicklungszeit von 10,5 Min. für die Verdünnung 1+3 bei 24°C ist ideal bei Anwendung des Zonensystems (4x5 Planfilme und Combi-Plan Kipptank). Kipp: 15/30/3x; d.h. 15 Sek. Ankippen, dann alle 30 Sek. 3x kräftig über die Schmalseite des Combi-Plan Tanks kippen.

Die Vorteile einer Verarbeitung bei 24°C liegen gerade in der warmen Jahreszeit auf der Hand und in der kalten Jahreszeit ist meist eine Temperierung in einem Wasserbad ohnehin nötig. In vielen Fällen ist ein Ansatz des Xtol-Entwicklers mit Leitungswasser möglich. Wer auf Nummer sicher gehen will, kann auch einen 5 Liter - Kanister demineralisiertes Wasser aus dem Baumarkt für den Ansatz nehmen.

### 16.3.2 Ergebnisse Entwicklungszeiten und effektive Filmempfindlichkeit

Eine Auswertung der durchgeführten Tests für den **TMY-2 entwickelt in Xtol 1+3 bei 24°C** führte zu den in Abbildung 34 und in Abbildung 35 dargestellten Ergebnissen. Dabei bedeutet ein N-Wert = 1 eine N+1 Entwicklung usw.

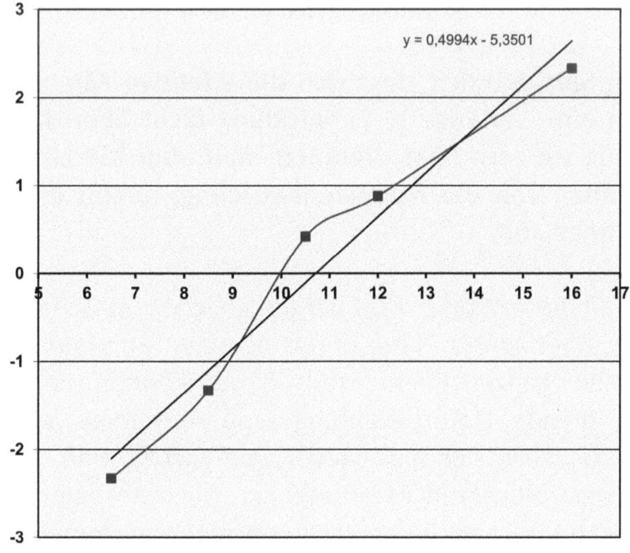


**Abbildung 34: N-Wert in Abhängigkeit von der Entwicklungszeit (in Min.)**

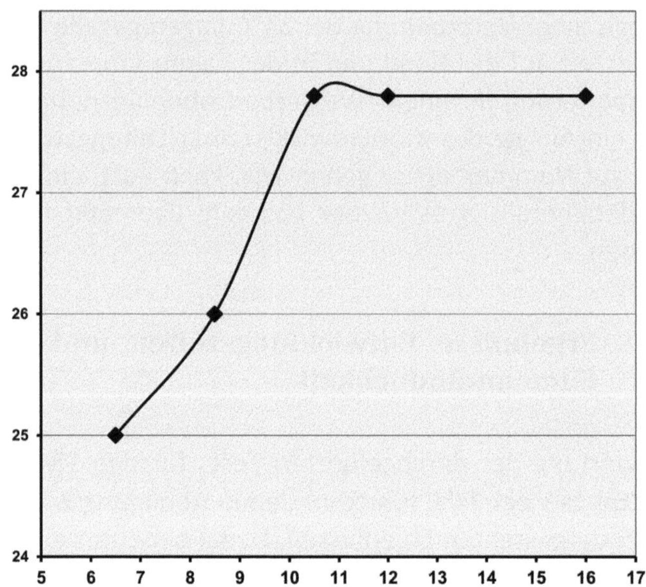


**Abbildung 35: effektive Filmempfindlichkeit (in DIN) in Abhängigkeit von der Entwicklungszeit (in Min.)**

**Wir sehen hier deutlich, dass sich die effektive Filmempfindlichkeit durch eine verlängerte Entwicklung nicht über das normale Maß hinaus steigern lässt. Verkürzt man aber die Entwicklungszeit, ausgehen von der Normalentwicklung, nimmt die Empfindlichkeit schnell ab.**

Man darf an dieser Stelle nicht vergessen, dass unsachgemäß gelagerte oder überlagerte Filme durchaus einen Empfindlichkeitsverlust von einer ganzen Blendenstufe haben können. Bedenkt man, dass eine Blende Unterbelichtung eine Aufnahme unbrauchbar machen kann, zeigt sich hier wieder, wie wichtig eine regelmäßige Kontrolle der relevanten Parameter ist. Auch an einem erhöhten Schleier erkennt man überlagerte oder unsachgemäß gelagerte Filme.

Damit erhalten wir die Werte in Tabelle 21 für eine kontrastabhängige Filmentwicklung. **Der vorsichtige Fotograf sollte die DIN-Werte um 1 reduzieren.**

| | Entwicklungszeit (in Minuten) | effekt. Empfindlichkeit (in DIN) |
|---|---|---|
| **N-2** | 6,75 | 25 |
| **N-1** | 8,75 | 26 |
| **N** | 10,75 | 28 |
| **N+1** | 12,75 | 28 |
| **N+2** | 14,75 | 28 |

**Tabelle 21: Entwicklungszeiten und effektive Filmempfindlichkeit für die kontrastabhängige Filmentwicklung** (TMY-2 entwickelt in Xtol 1+3 bei 24°C)

### 16.3.3 Ergebnisse Belichtungsmesserkorrektur

Jetzt werden die Belichtungsmesserkorrekturen nach den beiden Varianten aus Abschnitt 16.2.2 berechnet und mit den Ergebnissen aus Tabelle 20 verglichen. Dazu muss das aus den früheren Tests bekannte Tabellenblatt (Abbildung 36) ergänzt werden. Die Berechnungen mit der Zielwertsuche für Zone 2 und Zone 5 wurden hinzugefügt (Zeilen 3 und 4 rechte Seite) und die Auswertungen für die Belichtungskorrektur wurden ergänzt (Zeilen 10 bis 14).

Die Berechnungen mit der Zielwertsuche für die Zellen B3 und B4 erfolgen analog zu der Berechnung von Zelle B2. Es müssen nur die entsprechenden Dichtevorgaben bei der Zielwertsuche genommen werden und die jeweiligen Ergebniszellen müssen angepasst werden. Für die 12 Minuten Entwicklungszeit ergibt sich eine N+0,88 – Entwicklung. D.h., die charakteristische Kurve ist etwas steiler als die Normalkurve.

| | A | B | C | D | E | F |
|---|---|---|---|---|---|---|
| 1 | **$A_n$** | **Zone** | **Dichte-Vorgabe** | **Wert** | **Bemerkung** | V2.1 |
| 2 | -0,000069 | 7,12 | 1,29 | **1,290** | Zone 8 | |
| 3 | 0,001845 | 4,36 | 0,72 | **0,720** | Zone 5 | |
| 4 | -0,017924 | 1,88 | 0,24 | **0,240** | Zone 2 | |
| 5 | 0,081738 | | | | | |
| 6 | 0,018381 | | | | | |
| 7 | 0,014869 | | | | | |
| 8 | | | | | | |
| 9 | **N +/-** | 0,88 | | | | |
| 10 | Zone 8 (neu) | 7,12 | | | | |
| 11 | Zone 5 (neu) | 4,36 | | | | |
| 12 | Zone 2 (neu) | 1,88 | | | | |
| 13 | **Belichtungkorrektur:** | | -0,64 | Blenden | Var.1: Zone 5 | |
| 14 | | | -0,50 | Blenden | Var. 2: Mittelwert | |
| 15 | | | | | | |

**Abbildung 36: das aktualisierte Tabellenblatt N+/- für 12 Min. Entwicklungszeit**

**Berechnung für Variante 1:** In obigem Testfall wird die Dichte von Zone 5 der N-Entwicklung schon bei Zone 4,36 erreicht. Das ergibt eine Belichtungskorrektur von **(4,36 - 5) = -0,64** in Blendenstufen, um einer ausgewählten Motivhelligkeit den Dichtewert im Negativ von Zone 5 der N-Entwicklung zuzuordnen.

**Berechnung für Variante 2:** Durch die verlängerte Entwicklung erreichen wir schon bei Zone 1,88 den Dichtewert von Zone 2 und bei Zone 7,12 den Dichtewert von Zone 8 jeweils der N-Entwicklung. Dies sind die Eckwerte für den durchgezeichneten Bereich. Die Mitte des durchgezeichneten Bereichs im Motiv liegt damit in der Mitte zwischen den beiden Randpunkten. Es ergibt sich für die Mitte ((7,12 + 1,88) / 2) = 4,5 und damit eine Abweichung von **-0,5 Blendenstufen** von Zone 5.

Aufgrund der nicht ganz geraden charakteristischen Kurve erhalten wir zwei verschiedene Ergebnisse für eine Belichtungskorrektur. Nach Auswertung der entsprechenden Tests erhält man die in Abbildung 37 und Abbildung 38 dargestellten Ergebnisse. Die Belichtungskorrektur nach Variante 2 (Abbildung 37) und die berechneten Werte in Tabelle 20 stimmen recht gut überein, während die Belichtungskorrektur nach Variante 1 (Abbildung 38) eine etwas größere Korrektur zeigt. Das hat seine Ursache darin, dass bei einer Berechnung nach Variante 1 offensichtlich die Nichtlinearität der tatsächlichen charakteristischen Kurve stärker eingeht. Erinnern wir uns, dass bei geraden charakteristischen Kurven die Korrekturen nach Variante 1 und Variante 2 identisch sind.

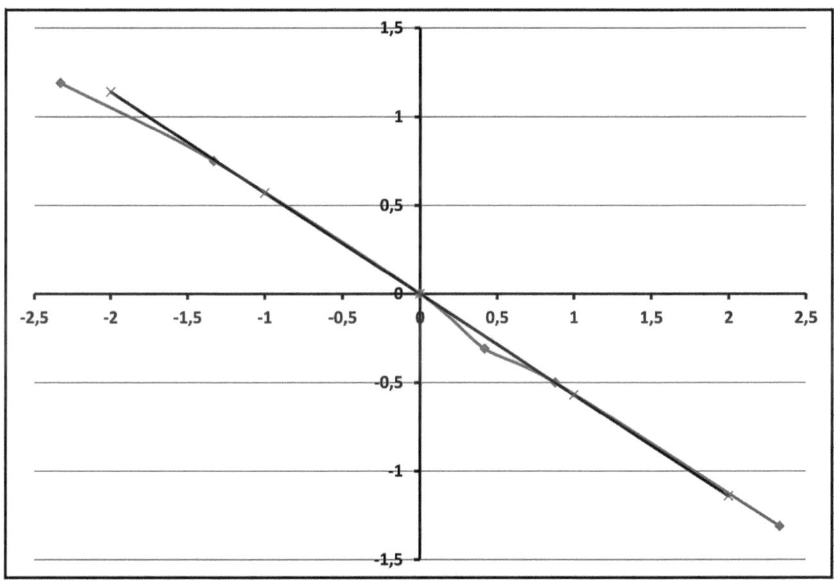


**Abbildung 37: Belichtungskorrektur Variante 2 und die Abschätzung aus Tabelle 20 (X-Achse – N-Wert, Y-Achse – Belichtungskorrektur)**

Die Messwerte (Quadrate) liegen auf der grauen Linie, die berechneten Werte (Kreuze) aus Tabelle 20 liegen auf der schwarzen, geraden Linie (Trendlinie).

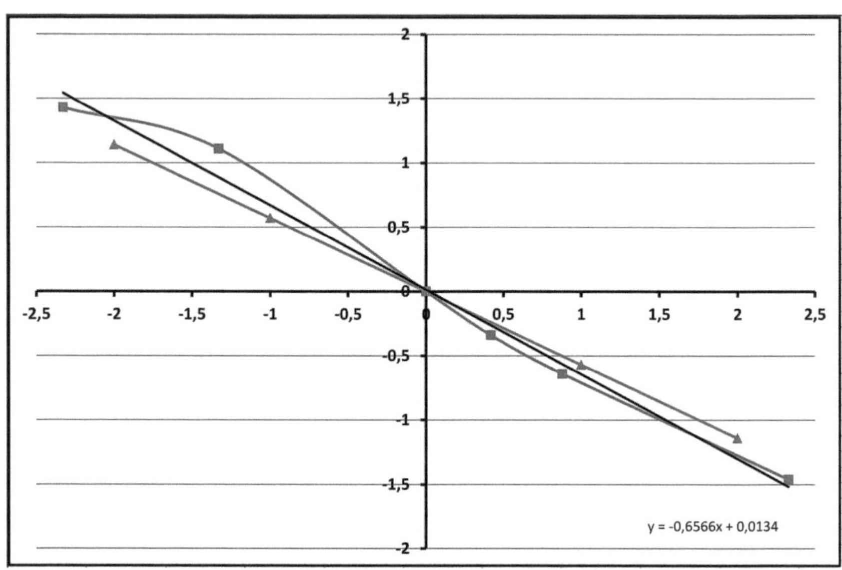


**Abbildung 38: Belichtungskorrektur Variante 1 und die Abschätzung aus Tabelle 20 (X-Achse – N-Wert, Y-Achse – Belichtungskorrektur)**

Die Linie mit den Dreiecken als Messpunkten zeigt die berechneten Belichtungskorrekturen aus Tabelle 20, die Messpunkte von Variante 2 (Quadrate) liegen auf einer steileren Linie und die Linie ohne Messpunkte ist die zugehörige Trendlinie (Gerade). Die Formel für die Gerade ist im Diagramm eingeblendet.

**Damit können wir ohne Weiteres die aus dem linearen Modell abgeleiteten Belichtungskorrekturen verwenden (Tabelle 20).**

### 16.3.4 Belichtungsmesserkorrektur in der Literatur

Vergleichen wir jetzt die erhaltenen Ergebnisse mit bekannten Angaben aus der Literatur. **Andreas Weidner** z.B. gibt in seinem bekannten Buch [9] auf Seite 113 Belichtungskorrekturen gemäß Tabelle 22 an.

| N+2 | -1 bis -2 Blenden |
|---|---|
| N+1 | -1/3 bis -2/3 Blenden |
| N | keine Korrektur |
| N-1 | 1/3 bis 1/2 Blenden |
| N-2 | 1/2 bis 2/3 Blenden |

**Tabelle 22: Belichtungskorrekturen nach Weidner [9]**

In seinem weiteren Buch [15] zum Thema schreibt Andreas Weidner: "Die ... längere Entwicklungszeit bei einer N+2 – Entwicklung beeinflusst die Dichte der Schatten im Negativ, sie werden stärker gedeckt und vergrauen später im Positiv. Der Fotograf muss daher **um 1 1/3 Blenden knapper belichten**".

**Wolfgang Mothes**, durch seine nach N-2 entwickelten Nachtaufnahmen bekannt geworden, empfiehlt bei einer N-2 Entwicklung eine Belichtungszugabe von 2/3 Blenden [16].

Die Notwendigkeit einer Belichtungsmesserkorrektur ist damit schon lange bekannt. Allerdings legen die Texte nahe, dass die notwendigen Korrekturen empirisch durch zusätzlich Tests ermittelt wurden. In diesem Beitrag wurde oben gezeigt, wie man diese nötigen Korrekturen aus grundlegenden Überlegungen ableiten kann und bei Bedarf durch schon vorhandene Tests systematisch verbessern kann.

Wie sie sehen, gelingt es mit der in diesem Buch beschriebenen Vorgehensweise mit wenigen Tests, alle relevanten Parameter zu bestimmen. Die gefürchteten Materialschlachten gehören damit endgültig der Vergangenheit an.

## 16.4 Ergebnisse für den Kodak Tmax400 (TMY-2)

Kehren wir nun zu unserem Beispiel zurück und stellen die erhaltenen Ergebnisse zusammen. Die Tabelle 23 kann natürlich nur als Anhalt dienen und macht eigene Tests nicht überflüssig. Sie soll aber zeigen, wie eine eigene Testauswertung aussehen kann.

| | Kontrastumfang Motiv | Entwicklungszeit in Minuten | Belichtungsmesser-einstellung (EI) | effekt. Empfindlichkeit in DIN | Belichtungskorrektur in Blendenstufen |
|---|---|---|---|---|---|
| N-2 | 8 Blenden | 6,75 | ISO 100/21° | 25 | 1 1/3 |
| N-1 | 7 Blenden | 8,75 | ISO 200/24° | 26 | 2/3 |
| N | 6 Blenden | 10,75 | ISO 500/28° | 28 | 0 |
| N+1 | 5 Blenden | 12,75 | ISO 800/30° | 28 | 2/3 |
| N+2 | 4 Blenden | 14,75 | ISO 1250/32° | 28 | -1 1/3 |

**Tabelle 23: Ergebnisse für den Film Tmax400 (TMY-2)**
**Kippentwicklung in Xtol 1+3 bei 24°C**

Die Belichtungsmessereinstellung ist auch als EI bekannt (Exposure Index, Belichtungsindex).

Hier noch einmal die Daten der Entwicklung:

- 4x5 Planfilme entwickelt im Combi-Plan Kipptank.
- Etwa 2 Minuten Vorwässern.
- Über die schmale Seite kippen. Kipp: 15 Sek. Ankippen, dann alle 30 Sek. 3x kräftig kippen (Abkürzung: 15/30/3x).
- Wie schon gesagt, der vorsichtige Fotograf sollte die obigen EI-Werte für die Belichtungsmessereinstellung **um 1 DIN** reduzieren.
- Die in der letzten Spalte "Belichtungskorrektur in Blendenstufen" genannten Werte sind universell, wenn die charakteristische Kurve einer Film-/Entwicklerkombination nahe an der Idealkurve liegt; die Werte in der Spalte "effektive Empfindlichkeit in DIN" erhält man durch das Eintesten. Die Belichtungsmessereinstellung wird aus den letzten beiden Spalten berechnet.

Es hat sich gezeigt, dass die in Tabelle 23 genannten Entwicklungsparameter auch für eine Kippentwicklung von Kleinbild- und Rollfilmen prima Ergebnisse liefern (mindestens 100ml Stammlösung pro Film).

Es ist zu beachten, dass unsachgemäß gelagerte Filme schon einmal eine ganze Blende mehr Licht benötigen können. Und denken Sie daran, ein um eine Blende unterbelichteter Film liefert unbrauchbare Negative. Dagegen kann man von einem Negativ trotz einer ganzen Blende Überbelichtung exzellente Prints erzeugen. Wenn es auf wirklich gute Schattenzeichnung ankommt, beachten Sie bitte Kapitel 17.2.

**Faustregel Belichtung:**
Bezogen auf eine N-Entwicklung benötigt der TMY-2 für eine N-2 Entwicklung etwa 2 Blenden mehr Licht; für eine N+2 Entwicklung etwa 1 Blende weniger Licht und für die Zwischenwerte jeweils die Hälfte.

**Faustregel Entwicklung:**
Die N-Entwicklungszeit für den TMY-2 beträgt 10,75 Min.
Für jede N-Stufe wird die Entwicklungszeit um 2 Min. geändert.

Die obigen Faustregeln gelten für den Tmax400 (TMY-2) entwickelt in Xtol 1+3 in der oben beschriebenen Prozedur.

## 16.5 Der Schwarzschild-Effekt

Wenn die Belichtungszeiten den Wert von 1 Sekunde überschreiten, müssen meist zusätzliche Belichtungskorrekturen aufgrund des Schwarzschild-Effektes berücksichtigt werden. Zusätzlich müssen in vielen Fällen die Entwicklungszeiten angepasst werden. Mit dem Kodak Tmax 400 (TMY-2) sind wir in der glücklichen Situation, dass hier die Belichtungskorrekturen moderat ausfallen und keine Korrekturen der Entwicklungszeit nötig sind. In Abbildung 39 sind detaillierte Angaben zu finden. Auch andere Filmhersteller liefern für ihre Produkte vergleichbare Angaben.

**Der Schwarzschild-Effekt**

Der Schwarzschild-Effekt muss immer dann berücksichtigt werden, wenn eine wesentlich längere Belichtungszeit ermittelt wird, als normalerweise für den betreffenden Film vorgesehen ist (siehe Angaben bei den verschiedenen Filmtypen).

Um die Auswirkung des Schwarzschild-Effektes bei der Belichtung auszugleichen, muss entweder die Belichtungszeit verlängert oder die Blende entsprechend geöffnet werden.

**Richtwerte zur Korrektur des Schwarzschild-Effektes**
(Nach der gemessenen Belichtungszeit)

| KODAK Schwarzweißfilme | 1/10000 bis 1/10 s | | 1 s | | 10 s | | 100 s | |
|---|---|---|---|---|---|---|---|---|
| | Blende öffnen | Bel.-Zeit korrigieren | Blende öffnen | Bel.-Zeit korrigieren | Blende öffnen | Bel.-Zeit korrigieren | Blende öffnen | Bel.-Zeit korrigieren |
| T-MAX 100 | - | - | +1/3 | - | +1/2 | + 15 s | 1 | + 200 s |
| T-MAX 400 | - | - | +1/3 | - | +1/2 | + 15 s | + 1 1/2 | + 300 s |
| T-MAX P3200 | - | - | - | - | +2/3 | + 15 s | nicht empfohlen | |
| PLUS-X 125* | - | - | +1 | + 2 s | +2 | + 50 s | +3 | + 1200 s |
| TRI-X 400/Pan* | - | - | +1 | + 2 s | +2 | + 50 s | +3 | + 1200 s |

* Zusätzlich Anpassung der Entwicklungszeit notwendig:
Bei 1/1000 s: +10% / Bei 1 s: -10% / Bei 10 s: -20% / Bei 100 s:-30%

**Quelle: Kodak Taschenführer 9/2008**

**Abbildung 39: Schwarzschild-Effekt für Kodak-Filme**

## 16.6 Arbeitsschritte bei kontrastangepasster Entwicklung

### 16.6.1 Messung des Motivkontrastes

In einem ersten Schritt werden mit einem Spotbelichtungsmesser die Kontrastverhältnisse ausgemessen. Dazu wird mit dem Spotbelichtungsmesser der Lichtwert der hellsten bildwichtigen Lichter bestimmt, dann der Lichtwert der dunkelsten bildwichtigen Schatten. Die Differenz der Lichtwerte (= Blendenwerte) liefert dann gemäß Tabelle 23 (2. Spalte) den N-Wert in der 1. Spalte. Leser, die mit dem Heiland Splitgrade Controller arbeiten, erkennen leicht die Analogie zum Vergrößern mit diesem Gerät. Beträgt z.B. die Differenz der Lichtwerte 7, so ist eine N-1 Entwicklung angesagt.

### 16.6.2 Belichtungsmessung

Aus Tabelle 23 wird jetzt die nötige Belichtungsmessereinstellung (EI-Wert) abgelesen und am Belichtungsmesser eingestellt. In unserem Beispiel für die N-1 Entwicklung beträgt der EI-Wert damit ISO 200/24°.

Die eigentliche Belichtungsmessung kann jetzt erfolgen, wie im Abschnitt 10 beschrieben. Jetzt wird eine geeignete Zeit-/Blendenkombination abgelesen, eventuell um eine Schwarzschildkorrektur ergänzt und dann an der Kamera eingestellt. Damit wird der dunkelste, bildwichtige Schatten auf Zone 3 gelegt (Beginn des volldurchgezeichneten Bereichs). Das ist ein praxiserprobter Wert mit kleinen Reserven. Einige Fotografen wählen Zone 2,5 für die Schatten. Hier spielen persönliche Vorlieben und die Art der Belichtungsmessung eine Rolle.

In unserem Beispiel erfolgen dann die Aufnahme und später die Entwicklung mit 8:45 Min.

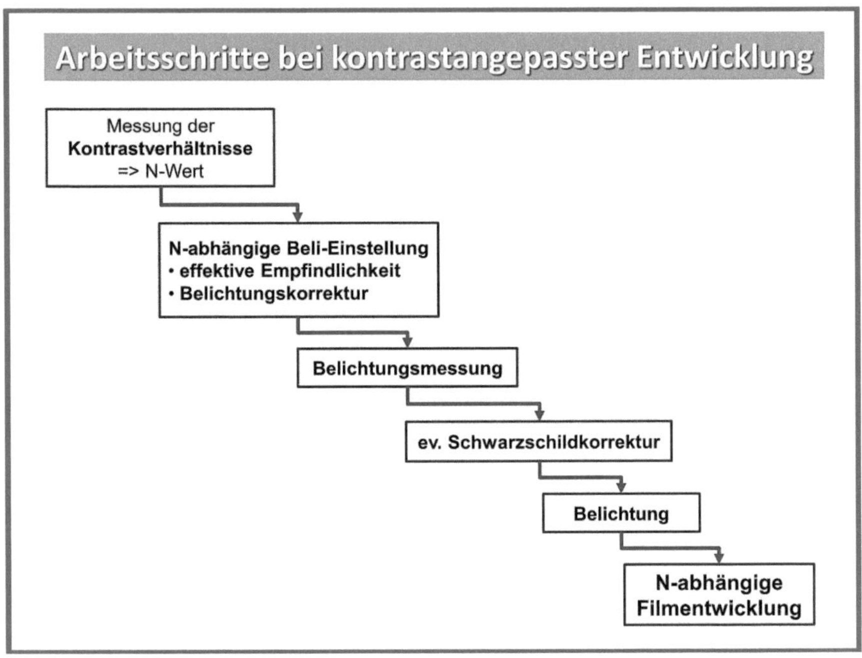


**Abbildung 40: Arbeitsschritte bei kontrastangepasster Entwicklung**

**Anmerkungen**: Obwohl für die Kontrastmessung ein Spotmeter sehr vorteilhaft ist, muss für die anschließende Belichtungsmessung nicht zwingend ein Spotmeter verwendet werden. Auch eine Lichtmessung oder eine übliche Objektmessung sollten grundsätzlich dieselben Belichtungsparameter liefern, da aufgrund der Belichtungskorrekturen (letzte Spalte in Tabelle 23) sich die angegebenen EI-Werte in Tabelle 23 immer auf Zone 5 beziehen. Dies entspricht den üblichen Konventionen und alle Belichtungsmesser sind werkseitig auf Zone 5 kalibriert. Auch die EI-Werte sind typischerweise auf Zone 5 bezogen.

## 16.7 Ausblick

Wir haben gesehen, wie man mit etwas höherem Aufwand bei der Testauswertung zusätzlich Informationen für bessere Ergebnisse ableiten kann. Man darf allerdings nicht erwarten, dass z.B. bei einem kontrastreichen Motiv durch eine einfache N-2 - Entwicklung alle Schwierigkeiten beim Vergrößern aus der Welt geschafft sind. Durch eine kontrastangepasste Entwicklung gewinnt man aber bei überschaubarem Zusatzaufwand einen deutlich größeren Handlungsspielraum beim Vergrößern. Bei einer Landschaftsaufnahme mit Fernsicht empfiehlt sich zum Beispiel eine verlängerte Entwicklung der Negative; man erhält sich damit die Möglichkeit beim Vergrößern auf VC-Papiere den Himmel hart nach zu belichten, um den Wolken mehr Zeichnung zu verleihen.

Jeder erfahrene Fotograf, der auch die Dunkelkammerarbeit kennt, hat darüber hinaus immer noch ein paar Kniffe parat, wie er im Zusammenspiel zwischen Belichtung, Filmentwicklung und Vergrößern die Ergebnisse weiter verbessern kann. Dabei spielen aber die verwendeten Materialien meist eine wichtige Rolle. Im Teil 3 werden dazu Ansatzpunkte für weitere Optimierung diskutiert. Das große Feld des Tonens der Abzüge wird aber nicht behandelt, da es hier den Rahmen sprengen würde.

# Teil 3: weitere Optimierungsmöglichkeiten

## 17 Zusätzliche Verbesserung der Schattenzeichnung

Nachdem wir uns bisher mit den verschiedenen Aspekten der Filmempfindlichkeit und der passenden Filmentwicklung beschäftigt haben, kann es trotzdem vorkommen, dass wir mit der Schattenzeichnung der Prints immer noch nicht so richtig zufrieden sind. In den weiteren Abschnitten wird gezeigt, warum die Schattenzeichnung nach wie vor eine Schwachstelle beim Kopiervorgang ist und welche bewährten Verfahren es gibt, die Schattenzeichnung im Print weiter zu verbessern.

### 17.1 Weitergehende Analyse der charakteristischen Kurve

Erinnern wir uns, wie der Gammawert definiert ist, und werfen dabei einen Blick auf die charakteristische Kurve in Abbildung 22. Die Belichtung von Zone 2 bis Zone 8 ergibt den durchgezeichneten Bereich im Print und von Zone 3 bis 7 den volldurchgezeichneten Bereich. Wie man in Abbildung 22 sieht, ist die dicke Linie mit den Messpunkten (charakteristische Kurve) nicht vollkommen gerade. Damit ist die charakteristische Kurve eine nichtlineare Kurve. Der Gammawert ist ein Maß für die Steigung der Kurve. Legt man wie in Abbildung 22 die Zone 1 und 8 für die Berechnung von Gamma zugrunde, erhält man:

$$\mathbf{Gamma} = \frac{\mathbf{1,29 - 0,10}}{\mathbf{(8 - 1) * \mathit{lg}(2)}} = \mathbf{0,56}$$

Dabei ist im Zähler $D_8$=1,29 die Dichte von Zone 8 und $D_1$=0,10 die Dichte von Zone 1. lg(2) = 0,301 ist der Zehnerlogarithmus von 2; es ist der Umrechnungsfaktor, um Zonenangaben in Dichten umzurechnen.

Da man eine nichtlineare Kurve nicht vollständig durch einen einzigen Gammawert beschreiben kann, betrachten wir jetzt den lokalen Gammawert. Dazu kann man das Dreieck zur Gamma-Berechnung in Abbildung 22 immer kleiner machen und für jeden Punkt der charakteristischen Kurve einen Gammawert berechnen. Das sind dann die lokalen Gammawerte und damit die Steigung der Kurve in jedem Punkt (siehe Abbildung 23).

Betrachten wir jetzt als ein Beispiel in Abbildung 41 die charakteristische Kurve des Tmax 400 für eine N-Entwicklung in Xtol 1+3, um an die Ergebnisse aus Abschnitt 16.4 anzuknüpfen. Das Besondere an dieser Darstellung ist, dass auch die Zonen oberhalb Zone 10 Berücksichtigung finden. Der Bereich oberhalb Zone 10 ist normalerweise ohne Interesse, da diese Negativdichten wie schon die Zone 10 selbst als Papierweiß ohne jede Zeichnung wiedergegeben werden. Die kleinen Quadrate in Abbildung 41 sind die Messpunkte, die der Ausgleichskurve zugrunde liegen. Aber bei Zone 10 ist die Welt noch nicht zu Ende.

Ein genauer Vergleich der charakteristischen Kurve nach Lambrecht und Woodhouse [6] mit den Daten aus Abbildung 41 ergibt, dass die Kurve für den Tmax 400 im Bereich der Zone 10 und darüber hinaus noch weiterhin sehr gerade verläuft. Im Gegensatz dazu wird die von Lambrecht und Woodhouse [6] angegebene Kurve bei Zone 10 schon flacher.

Abbildung 42 zeigt die zu Abbildung 41 gehörigen lokalen Gammawerte. Die Kurve der lokalen Gammawerte ist mathematisch gesehen die Ableitung der charakteristischen Kurve. Die Kurve für die lokalen Gammawerte verläuft da flach, wo die charakteristische Kurve recht gerade ist.

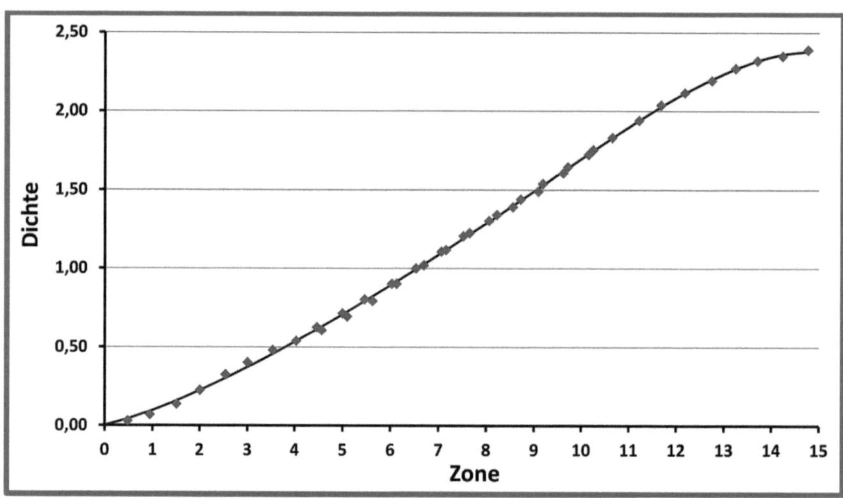


**Abbildung 41: charakteristische Kurve Tmax 400, N-Entwicklung in Xtol 1+3**

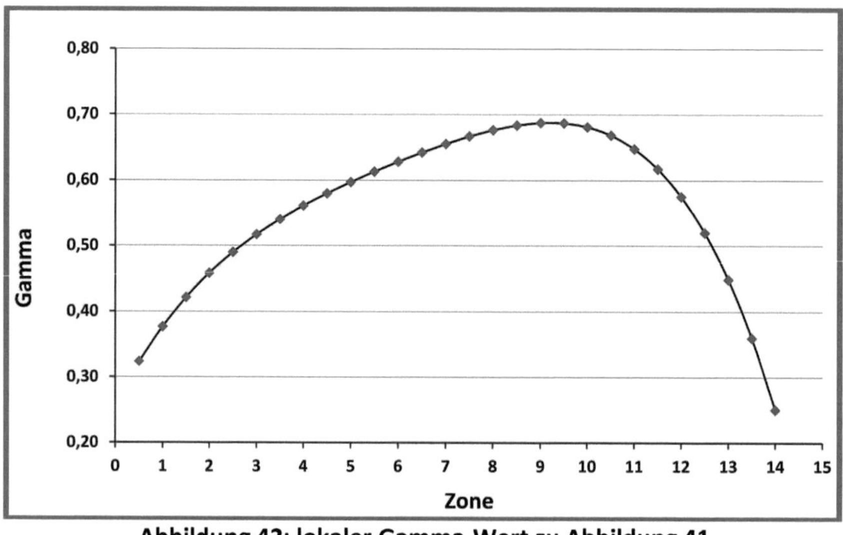


**Abbildung 42: lokaler Gamma-Wert zu Abbildung 41**

Was können wir nun aus der charakteristischen Kurve und deren lokalen Gammawerten lernen? Es sind zwei Dinge:

1. Die charakteristische Kurve verläuft weit über die Zone 10 hinaus sehr gerade. Dieser gerade Teil der Kurve wird nur zum kleinen Teil fotografisch genutzt (eventuell beim Nachbelichten).
2. Für den Bereich Zone 2 bis Zone 3 liegt der lokale Gammawert merklich unter 0,5. Das spiegelt die Tatsache wider, dass die Schatten in diesem Bereich sehr weich wiedergegeben werden.

Die gerade Kurve bei Zone 8 und darüber hinaus garantiert eine vorbildliche Lichterzeichnung bei N-Entwicklung. Auch ist zu erwarten, dass bei N-1 und N-2 Entwicklung der Filme nach wie vor eine ordentliche Lichterzeichnung zeigt. Dadurch, dass die charakteristische Kurve im Bereich der Zone 9 nicht flacher wird, werden motivabhängig einige Negative am besten auf vorbelichtetes Papier vergrößert. Wenn man in der Dunkelkammer dafür keinen zweiten Vergrößerer zur Verfügung hat, ist das kleine Gerät von RH Designs (PaperFlasher II) sehr nützlich.

Der weichen Schattenzeichnung im Bereich von Zone 2 bis Zone 3 begegnet man in der Regel mit einer Selentonung. Die Schattenzeichnung wird dadurch merklich verbessert. Besonders im Bereich der Landschafts- und Architekturfotografie ist diese Selentonung zur $D_{max}$-Erhöhung nahezu unverzichtbar.

## 17.2 Die "richtige" Filmbelichtung für ein feines Bild

Es gibt mehrere wohlbekannte Arbeitsweisen, die eine gute Basis für feine Bilder speziell bei Landschaftsaufnahmen sind. Ziel ist es immer, die systembedingt schwache Schattenzeichnung zu verbessern, ohne dass die Lichterzeichnung verloren geht.

1. **Weiche Lichter im Negativ**: Hier wird eine Film- / Entwicklerkombination gesucht, die bis etwa Zone 7 der normalen charakteristischen Kurve folgt und dann immer mehr darunter bleibt. Das führt zu einer weichen Lichterzeichnung im Negativ. Beim Vergrößern wird die Gradation etwas härter gewählt, um die Schattenzeichnung im Print zu verbessern. Alternativ kann etwas länger entwickelt werden (siehe Abbildung 10 und Abbildung 11). Dadurch wird gleichzeitig die Abbildung er Lichter härter und man kompensiert dadurch die weiche Lichterzeichnung im Negativ. Dadurch kann man einen Print mit ordentlicher Lichter- und Schattenzeichnung bekommen, ohne weitere Manipulationen beim Vergrößern durchführen zu müssen. Eine S-förmige Kurve einer Film- / Entwicklerkombination erfüllt diese Bedingung nicht, da gleichzeitig im Negativ mit den weichen Lichtern die per se schon weichen Schatten noch weicher werden würden.

2. **Härter abziehen und vorbelichten**: Eine Film- / Entwicklerkombination mit einer recht geraden charakteristischen Kurve bis in die hohen Zonen ist hier gewünscht. Auch hier wird etwas härter abgezogen, um eine bessere Schattenzeichnung zu bekommen. Ohne weitere Eingriffe beim Vergrößern würde aber damit die Lichterzeichnung verloren gehen, da diese Lichter dann außerhalb vom Kontrastumfang des Papiers lägen. Durch ein Vorbelichten des Papiers werden die Lichter wieder weicher und man hat die Verhältnisse wie unter 1. Das Vorbelichten des gesamten Papierbogens ist recht einfach und ein zu vernachlässigender Zusatzaufwand.

3. **Gerade Kurve und mehr Licht**: Auch hier ist die Voraussetzung, dass eine Film- / Entwicklerkombination mit einer recht geraden charakteristischen Kurve bis in die hohen Zonen vorliegt.

Durch eine leichte Überbelichtung erreicht man ohne weitere Manipulationen beim Vergrößern einen Print mit guter Zeichnung über die gesamte Grauwertskala. Dieser Fall 3 soll im Weiteren besonders betrachtet werden.

### 17.2.1 Grundsätzliche Überlegungen

Die üblichen sensitometrischen Überlegungen haben immer das Ziel, die Filmempfindlichkeit optimal auszunutzen, d.h. den Film "ausreichend" zu belichten und dann den Film optimal zu entwickeln. Das sichere Vermeiden von Unterbelichtungen und die richtige Filmentwicklung sind aber in der Praxis unsere vorrangigen Aufgaben. Deren Lösung ist für einen exzellenten Abzug noch wichtiger als eine ausgefeilte Dunkelkammertechnik beim Vergrößern.

Wenn es uns aber darauf ankommt, ein feines Bild zu erzeugen, steht die optimale Ausnutzung der Filmempfindlichkeit nicht mehr unbedingt im Vordergrund, sondern die optimale Wiedergabe von Strukturen und feinen Details unter Ausnutzung der vollen Grauwertskala. Wenn Kinder mit einer Schulnote "ausreichend" nach Hause kommen, sind viele Eltern auch nicht gerade glücklich.

Todd und Zakia haben in ihrem Buch über Sensitometrie [17] Untersuchungen zur Belichtung von Filmen durchgeführt. Dabei haben sie festgestellt, dass eine Blende Unterbelichtung schon zu deutlichen Qualitätseinbußen führt. Auf der anderen Seite erhält man vergleichbare Qualitätseinbußen erst bei 4 Blenden Überbelichtung. Selbst wenn heute anderes Filmmaterial verwendet wird, ist die Tendenz nach wie vor dieselbe. D.h., Unterbelichtungen sind erheblich verheerender für die Qualität eines Prints als Überbelichtungen.

Wir haben alle in Ausstellungen schon Landschaftsaufnahmen gesehen, bei denen die bildwichtige Schattenzeichnung beeindruckend war. Neben der Selentonung des Endprodukts Print gibt es aber noch weiteres Optimierungspotential bei der Erzeugung eines optimalen Negativs.

Die folgenden Betrachtungen beziehen sich auf den Tmax 400 entwickelt in Xtol 1+3 wie in Kapitel 16.4 beschrieben. Bei anderen Film- / Entwicklerkombinationen können merklich andere Verhältnisse vorliegen als in Abbildung 41 oder Abbildung 42 gezeigt. Z.B. verläuft beim Acros ähnlich wie beim TMax 100, entwickelt in Xtol 1+3, die charakteristische Kurve schon im Bereich von Zone 8 deutlich flacher. Manche Fotografen schätzen dieses Verhalten bei Ihren bevorzugten Motiven, da es ihnen ein Vorbelichten des Papiers erspart. Andererseits gibt es Motive, die auf eine brillante Lichterzeichnung nicht verzichten können, wie z.B. Wolken in Landschaftsaufnahmen.

Wenn man sich Abbildung 41 und Abbildung 42 genauer anschaut, würde eine Verschiebung des durchgezeichneten Bereichs um z.B. eine Zone nach rechts auf der Zonenachse die Negativzeichnung in den Schatten schlagartig verbessern (siehe Abbildung 43) ohne die Lichter in Mitleidenschaft zu ziehen. Der lokale Gammawert für die tiefen Schatten würde deutlich von 0,46 auf 0,52 steigen, während sich der lokale Gammawert in den Lichtern kaum verändert. Der Bereich von Zone 3 bis Zone 9 liegt außerdem im nahezu linearen Bereich der charakteristischen Kurve und damit würde sich die gesamte Detailzeichnung unter voller Erhaltung der Grauwerte verbessern.

Die Verschiebung des durchgezeichneten Bereichs um eine Zone nach rechts erreicht man, indem man die Filmempfindlichkeit für die Belichtungsmessung in ASA-Werten halbiert, in DIN-Werten um

3 DIN reduziert. Da wir mit dem TMY, einem 400 ASA-Film arbeiten, ist eine Blende Empfindlichkeitsverzicht in der Regel ohne weiteres tolerierbar. Wenn wir mit einer Großformatkamera auf Stativ arbeiten, sind grundsätzlich mögliche Nachteile wie z.B. leicht gröberes Korn ohne Bedeutung. Die etwas dichteren Negative erfordern nur eine etwas längere Belichtungszeit beim Vergrößern. Eine Selentonung des Prints zur weiteren Verbesserung der Schattenzeichnung steht uns als Option weiterhin offen.

Belohnt wird man mit Prints mit einer Schatten- und Lichterzeichnung, die sich auf anderem Wege so nicht erreichen lässt. Zusätzlich hat man sich für den Fall der Fälle noch einen Sicherheitspuffer gegen Fehlbelichtungen verschafft. Ein Versuch lohnt!

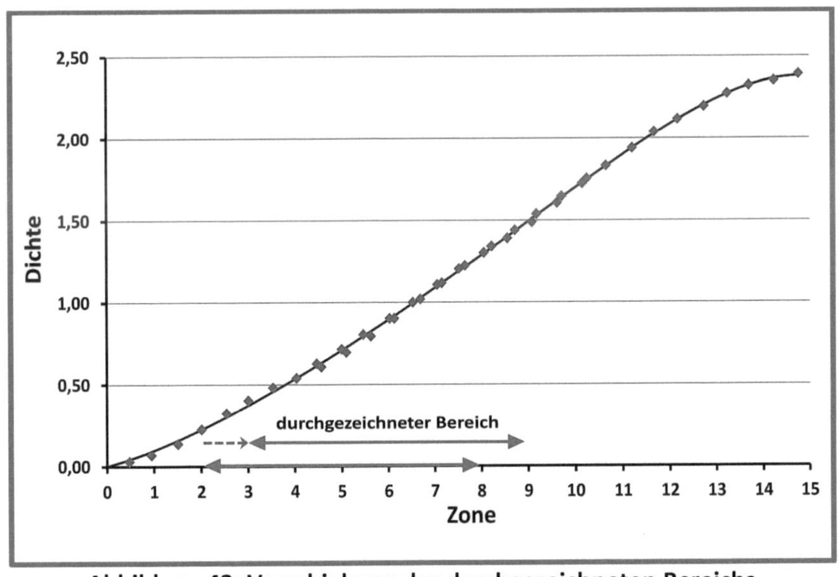


**Abbildung 43: Verschiebung des durchgezeichneten Bereichs**

Bruce Barnbaum berichtet [11], dass auch mit anderen Filmen auf diese Weise verfahren werden kann. Allerdings verschiebt er den durchgezeichneten Bereich nicht bei allen seinen verwendeten Filmen um eine ganze Zone nach rechts. Dies hängt vom Verlauf der jeweiligen charakteristischen Kurve ab. Über die charakteristische Kurve haben wir schon einiges gelernt und wir wollen jetzt unser Wissen anwenden.

### 17.2.2 Weiterführende Tests

Die Erläuterungen zur Filmbelichtung bei Stroebel [18] ergeben eine elegante Auswertemöglichkeit für persönliche Tests. Man braucht dazu bei N-Entwicklung noch nicht einmal die charakteristische Kurve oberhalb von Zone 8 aufzunehmen. Wir suchen uns am besten ein Motiv mit normalem Kontrastumfang. Wir messen die Belichtung und machen eine Belichtungsreihe (z.B. mit Belichtungskorrekturen -1 EV, -1/2 EV, 0 EV, +1/2 EV, +1 EV). Dann werden alle Negative normal entwickelt. Jetzt stehen wir vor der Frage, wie wir diese Belichtungsreihe sinnvoll unter dem Aspekt einer weiteren Optimierung auswerten können.

Die Auswertung erfolgt mit einem Laborbelichtungsmesser. Dem geübten Fotografen gelingt auch eine Auswertung nach Sicht auf dem Leuchtpult. Wir suchen uns im Negativ die beiden Punkte, die wir zur Kontrastmessung nach dem Zonensystem gewählt haben, und messen dort den Kontrast im Negativ. Das Negativ mit dem höchsten Kontrast ist das gesuchte. Der Grund dafür ist ganz einfach. Die Belichtungskorrektur war in diesem Falle genau so, dass der interessierende Grauwertbereich am besten im geraden Teil der charakteristischen Kurve platziert war. In den anderen Fällen lagen entweder die Lichter oder die Schatten schon im flacher werdenden Teil der Kurve und damit ergibt sich eine Kontrastreduzierung. Damit können wir ein klares Kontrastmaximum bestimmen. In den allermeisten Fällen werden wir bei einer leichten Überbelichtung die besten Ergebnisse erhalten und können uns damit in der

Testreihe die Unterbelichtungen sparen. Diese Korrekturen hängen vom verwendeten Film und vom verwendeten Entwickler ab. D.h., es gibt hier keine universellen Korrekturen wie in Tabelle 20.

Aber vergessen wir nicht, diese Tests machen erst Sinn, wenn die Entwicklung eingetestet ist.

## 17.3 Schlussbemerkung

Viele Fotografen testen ihre Filme nicht auf eine Dichte für Zone 1 von $D_1$=0,10 ein, sondern auf eine etwas höhere Dichte z.B. $D_1$= 0,14. Dementsprechend sollte man dann auch die Dichte von Zone 8 um 0,04 erhöhen, damit der Gammawert unverändert bleibt. Das entspricht dann einer Verschiebung der charakteristischen Kurve ähnlich wie in Abbildung 43, aber nur um $^1/_3$ Zone entsprechend 1 DIN Empfindlichkeitszugabe.

**Das bedeutet, das Eintesten der Filme kann ohne Weiteres auf eine Zone 1 – Dichte von 0,10 erfolgen. Die gewünschten Korrekturen werden dann bei der Belichtungsmessung zur Belichtung des Films berücksichtigt, indem die Filmempfindlichkeit entsprechend korrigiert wird.**

Wie wir damit gesehen haben, existieren in der Praxis bewährte Verfahren zur Verbesserung der Bildergebnisse, die alle darauf hinauslaufen, den Filmen bei der Belichtung etwas mehr Licht zu gönnen. Die Analyse der charakteristischen Kurven hat uns jetzt auch die dahinterliegenden Gründe dafür aufgezeigt.

Viel Freude und Erfolg beim Arbeiten mit Film!

# 18 Anhang

## 18.1 Kleine Entwicklerkunde

Jeder ernsthaft an der objektiven Qualität der Bildergebnisse interessierte Fotograf hat sich immer mal wieder damit beschäftigt, wie man die Schärfe der Abzüge verbessern kann. Über die verschiedenen Aspekte dieses Thema ist auch schon viel diskutiert und geschrieben worden. Barry Thornton hat intensiv daran gearbeitet, die Schärfe seiner Abzüge zu verbessern und hat dazu wichtige Aspekte in seinem Buch "Edge of Darkness" [8] zusammengetragen. Dabei hat sich gezeigt, dass neben den anderen schärfebestimmenden Faktoren die Wahl eines geeigneten Entwicklers durchaus dabei helfen kann, diesem Ziel ein Stück näher zu kommen.

### 18.1.1 Hohe Schärfe und feines Korn

Um ein scharfes Bildergebnis bei wenig Korn zu erhalten, sollte ein Entwickler eingesetzt werden, der den sogenannten Kanteneffekt hervorruft und dazu feinkörnig arbeitet (Eberhard-Effekt siehe http://de.wikipedia.org/wiki/Eberhard-Effekt, als Beispiel für den Kanteneffekt siehe auch Abbildung 21).

Von vielen Entwicklersubstanzen ist bekannt, dass sie keinen Kanteneffekt liefern. Dazu gehören z.B. Phenidon (FX39, Aculux, DD-X, T-Max Entwickler, Microphen) oder Vitamin C (Xtol). Wichtige Entwicklersubstanzen, die den gesuchten Kanteneffekt liefern, sind Metol und Para-Aminophenol (Rodinal). Para-Aminophenol arbeitet nicht so besonders feinkörnig und Entwickler dieses Typs werden daher hier nicht weiter betrachtet.

Entwickler mit Entwicklungssubtanzen wie Pyrogallol oder Brenzkatechin, die einen "Stain" hervorrufen (Färbung des Negativs), sollen hier auch nicht untersucht werden, da sie in Kombination mit VC-Papieren einige Besonderheiten aufweisen (siehe auch Barry Thornton [8] Kapitel 8). Wie schon Phil Davis in seinen DMAX-Newsletter [22] berichtet hat, bieten Entwickler mit Stain nur in sehr speziellen Fällen echte Vorteile. Ein beliebter Film, der merkliche Vorteile bot, wird nicht mehr gefertigt.

Bleiben die Entwickler zur Erzeugung eines Kanteneffekts übrig, die Metol als alleinige oder hauptsächliche Entwicklersubstanz enthalten. Eigenschaften von Metol sind: Arbeitet feinkörnig, nutzt die Empfindlichkeit gut aus, gute Haltbarkeit und geringe Neigung zur Schleierbildung. Bekannte handelsübliche Vertreter dieser Gattung von Entwicklern sind Microdol-X oder Perceptol als Pulverentwickler und CG-512, Rollei RLS oder Neofin als Flüssigkonzentrate. Die bekannte FX1-Rezeptur gehört auch in diese Klasse. Neofin und FX1 sind auf maximale Empfindlichkeitsausnutzung optimiert (Verwendung von Natriumkarbonat) und arbeiten damit nicht so feinkörnig wie die anderen genannten Entwickler.

Entwickler vom Typ Microdol-X / Perceptol sind hauptsächlich bekannt als Feinstkornentwickler und haben diese Eigenschaft, wenn sie unverdünnt eingesetzt werden. Für unsere Zwecke dürfen sie allerdings nur in der Verdünnung 1+3 eingesetzt werden, da ansonsten die hohe Konzentration von Natriumsulfit der Kantenbildung entgegenwirkt (Rezept siehe unten). Von Moersch Photochemie ist ein Pulverentwickler mit Namen EFG als Microdol / Perceptol-Nachbau erhältlich. In der Verdünnung 1+3 gehen diese Entwickler den goldenen Mittelweg zwischen Schärfe und Feinkörnigkeit.

Diese Klasse der Metol-Entwickler hat als Schärfeentwickler mit feinem Korn eine merklich längere Entwicklungszeit als übliche Standard-Entwickler. Deshalb sollten sie am besten bei 24°C verarbeitet werden. Dies hat hinsichtlich des Ergebnisses keine Nachteile, da bei diesen Entwicklern nicht mehrere Entwicklungssubstanzen in ihrem Zusammenwirken durch die Änderung der Temperatur beeinflusst werden können. Da in vielen Labors im Sommer eine Raumtemperatur von mehr als 20°C herrscht, können die 24°C auch ein gewichtiger Vorteil sein.

Für Leute, die gerne mit selbstangesetzten Entwicklern arbeiten, sei weiter unten noch eine Rezeptur angegeben, die in der Zeitschrift Foto & Labor in der Ausgabe 04/95 (siehe Abschnitt 18.1.2) veröffentlicht wurde. Dieses Rezept muss den käuflichen Produkten sehr ähnlich sein.

Microdol wurde in den Jahren 1940 bis 1944 von Richard Henn bei Kodak aus D-23 und D-25 entwickelt. Die wichtige Entdeckung von Henn war, dass Kochsalz das Korn reduziert, ohne die Entwicklungszeit zu verlängern. Damit war dann eine besonders einfache Rezeptur gefunden, die, ohne Verwendung von dem sonst gebräuchlichen Paraphenylendiamin (PPD), feinstes Korn hervorrief. Die Kodak-Rezeptur wurde bisher nie veröffentlicht. In den 60er Jahren wurde die Rezeptur geringfügig verändert (Microdol-X), um den Dünnschichtfilmen besser gerecht zu werden. Perceptol ist das entsprechende Pendant von Ilford ähnlich D-76 und ID-11 oder HC-110 und Ilfotec HC.

### 18.1.2 Rezept "Microdol-X F&L"

Dies ist das Rezept für einen Feinstkornentwickler (Foto & Labor 04/95). Bei der Empfindlichkeitsausnutzung muss man hier allerdings Abstriche machen. Je nach Film verliert man 0,5 bis 2,5 DIN.

Normales Kochsalz (Haushaltsware) sollte nicht verwendet werden, da Bromid- und Jodidreste die Entwicklung merklich beeinflussen können. Eine Verdünnung von 1+3 steigert die Schärfe deutlich und der Empfindlichkeitsverlust hält sich mit zirka 1 DIN in engen Grenzen. Die Entwicklungszeiten sollten bedenkenlos vom Kodak Original übernommen werden können.

| **Rezept "Microdol-X F&L"** | |
|---|---|
| Wasser | 800 ml |
| Calgon | 2,0 g |
| Metol | 5,0 g |
| Natriumsulfit sicc. | 100 g |
| Natriumchlorid sicc. | 30 g |
| Wasser auf | 1.000 ml |

Calgon ist das im Handel erhältliche Foto-Calgon. Es handelt sich um Polyphosphate, die als Komplexbildner eingesetzt werden (kein "Waschmaschinen-Calgon"). Calgon ist charakterisiert durch seinen fast neutralen ph-Wert, seine gute Wirksamkeit und den geringen Einfluss auf die übrigen Bestandteile des Entwicklers. Mit 2 bis 3 Gramm pro Liter werden Kalkabscheidungen zuverlässig vermieden. Dieses Rezept ist auch im "The Film Developing Cookbook" [23] auf Seite 69 zu finden.

## 18.2 Änderung der Filmentwicklungszeit bei Temperaturänderung

Wenn die Entwicklertemperatur bei der praktischen Arbeit vom Nennwert abweicht, steht man gelegentlich vor dem Problem, schnell eine Korrektur für die Entwicklungszeit zu benötigen. Im behelfsmäßigen Labor ereignet sich das in der kalten Jahreszeit öfter als gewünscht, besonders wenn man Prozesse fährt, die bei 24 °C ablaufen sollten. Im Sommer ist es bei den 20°C-Prozessen dann oft umgekehrt.

Auch wenn man mit verdünnten Entwicklern arbeitet, kann es passieren, dass man statt der meist üblichen 20 °C – Verarbeitung gerne zur 24 °C – Verarbeitung wechseln möchte. Man kann dann dadurch die sonst recht langen Entwicklungszeiten merklich abkürzen.

In der Literatur sind entsprechende Tabellenwerke bekannt und Ilford gibt Korrekturwerte an, die als Diagramm in Briefmarkenform wohl jedem Ilford-Entwickler beiliegen und in den entsprechenden Datenblättern aufgeführt sind.

Die etwas zuverlässigere Methode ist das Arbeiten mit der Ilford-Tabelle. Zwischenwerte erhält man durch einfaches Abschätzen. Dieses Verfahren ist recht einfach. Da man aber heutzutage sehr leicht Zugang zu einem PC oder Taschenrechner hat, stellt sich die Frage, ob es eine einfache Möglichkeit gibt, diese Tabelle dort abzulegen, um dann sofort für beliebige Temperaturabweichungen Werte zu erhalten.

Gegen das obige Verfahren gibt es aber auch grundsätzliche Bedenken. Es ist bekannt, dass verschiedene Entwicklersubstanzen bezüglich ihrer Aktivität ein unterschiedliches Temperaturverhalten zeigen (Josef Maria Eder, siehe [19]). Bei Einsatz mehrerer Entwicklersubstanzen in einem Entwickler kann sich weiterhin durch Temperaturänderung der Charakter eines Entwicklers ändern (z. B. Körnigkeit nimmt zu). Zusätzlich hat streng genommen das zu entwickelnde fotografische Material Einfluss auf das Temperaturverhalten. Auf der anderen Seite zeigt wohl die Erfahrung, dass bei genügend kleinen Temperaturänderungen die Ilford-Tabelle für die meisten Entwickler brauchbare Korrekturen liefert.

Für die Überführung eines Tabellenwerks in eine mathematische Formel gibt es erprobte Verfahren. Durch eine Ausgleichsrechnung werden Formelparameter so bestimmt, dass die Tabellenwerte so gut wie möglich getroffen werden. D. h., es wird nicht jeder einzelne Tabellenwert exakt getroffen, sondern alle vorgegebenen Tabellenwerte bestmöglich.

Eine Faustformel der Chemie besagt, dass eine Temperaturerhöhung um 10 °C zu einer Verdopplung der Reaktionsgeschwindigkeit führt. Daher erwartet man sofort eine exponentielle Abhängigkeit. Dies wird auch durch Mason [20] bestätigt.

Eine entsprechende Analyse der Ilford-Tabelle führt auf den einfachen Zusammenhang:

$$Z = Z_0 * e^{-\frac{(T-T_0)}{T_A}}$$

$$T_A = 10{,}827397\ °C$$

Dabei ist $Z_0$ die schon bekannte Entwicklungszeit bei der Temperatur $T_0$. Als Ergebnis erhält man für die abweichende Temperatur **T** die gesuchte neue Entwicklungszeit **Z**. In der Struktur der obigen Formel und der Konstante $T_A$ steckt die gesamte Information der umfangreichen Ilford-Tabelle oder dem entsprechenden Diagramm.

Dieses Ergebnis ist sehr befriedigend, da jetzt eine einfache Möglichkeit besteht, um für jede beliebige Temperaturabweichung schnell die notwendige Korrektur auf Basis der Ilford-Angaben zu bestimmen. Ein programmierbarer Taschenrechner oder eine Excel-

Tabelle sind die geeigneten Hilfsmittel. Es ist zu erwarten, dass bei einem Betrag der Temperaturabweichungen $|T - T_0|$ kleiner $T_A$ die Korrekturen zuverlässig sind.

**Beispiel:** Für Testzwecke soll ein APX100 in Microdol-X in der Verdünnung 1+3 entwickelt werden. Verfügbare Entwicklungszeiten bei http://www.digitaltruth.com/ ergeben bei 20 °C eine Entwicklungszeit von 20 min. Eine Umrechnung der Entwicklungszeit auf 24 °C ergibt knapp 14 min. Der mit 14 min. entwickelte Film erreichte tatsächlich sofort die Sollwerte für eine Normal-Entwicklung mit 80 ASA. In der Verdünnung 1+3 erreichte damit Microdol-X beim APX100 eine Empfindlichkeit, die auch viele andere Entwickler für diesen Film liefern.

## 18.3 Ausgleichsrechnung für die Messdaten

Mithilfe einer Ausgleichsrechnung [24] kann man versuchen, noch ein wenig mehr an Information aus den Messdaten herauszuholen (vergleiche dazu Abbildung 31 und Abbildung 32). Als Ausgleichsfunktion für die charakteristische Kurve wird ein Polynom 5. Grades gewählt, da diese Funktion die erwartete Abhängigkeit gut abbilden kann. Als Beispiel wird die Auswertetabelle "Filmtest_Vorlage-21F_JJJJ_xxx.xlsx" mit dem Tabellenblatt "Ausgleichsrechnung" für den 21-stufigen Stoufferkeil verwendet [14].

Dazu wird in unserem Beispiel das Tabellenblatt "Ausgleichsrechnung" (Abbildung 44) geöffnet. Hier findet man in Spalte A und B die bekannten Messdaten (vergl. Tabellenblatt "Auswertung" in Abbildung 32 die Zeilen 10 und 11 mit "Zone neu" und "Dichte"). Die Parameter $A_n$ in den Feldern F2 bis F5 werden mit der eingebauten Excel-Funktion RGP berechnet. Mit diese Parametern $A_n$ werden die Funktionswerte in Spalte "C" berechnet ($A_0$ = F7, $A_1$ = F6 usw.).

Die entsprechende Formel lautet:

$$D\_gerechnet = A_0 + A_1 \times Zone + A_2 \times Zone^2 + A_3 \times Zone^3 + A_4 \times Zone^4 + A_5 \times Zone^5$$

In Spalte D ist das Quadrat der Abweichung von Messwert zu berechnetem Wert zu finden:

$$\text{Abweichung}^2 = (D - D\_gerechnet)^2$$

Die aufsummierten Abweichungen aus Spalte D sind in Zelle E2 als "Summe Abw." eingetragen. Mit der in der Tabellenkalkulation verfügbaren Funktion RGP lassen sich die Parameter $A_n$ einfach berechnen, so dass die Abweichungen minimal werden. Für einen besseren Überblick lassen sich natürlich mit der Tabellenkalkulation die Ergebnisse leicht grafisch darstellen.

**Ergebnisse**

Aufgrund der Kurvenform kommt als Ausgleichsfunktion nur ein Polynom ungerader Ordnung infrage. Ein Polynom 5. Grades mit den berechneten Parametern beschreibt die Messergebnisse sehr gut.

- Der durch die Ausgleichsrechnung gefundene Wert für Zone 1 ist im Tabellenblatt "Ausgleichsrechnung" in Zelle B27 zu finden und ist hier im Beispiel D=0,10
- Im Tabellenblatt "N+-" wird der N-Wert berechnet; z.B. bedeutet N+- = 0,07, dass in guter Näherung eine N-Entwicklung vorliegt (ganz genau eine N+0,07 - Entwicklung).

| | A | B | C | D | E | F | G |
|---|---|---|---|---|---|---|---|
| 1 | **Zone neu** | **Dichte** | **Dichte gerechnet** | **Ab-weichung**2** | **Summe Abw.** | **$A_n$** | |
| 2 | 0,02 | 0,00 | 0,00 | 0,0000 | **0,001219** | -0,0000189 | A5 |
| 3 | 0,55 | 0,05 | 0,05 | 0,0000 | | 0,0005596 | A4 |
| 4 | 1,02 | 0,10 | 0,10 | 0,0000 | **V2** | -0,0066747 | A3 |
| 5 | 1,58 | 0,18 | 0,18 | 0,0000 | | 0,0394553 | A2 |
| 6 | 2,08 | 0,26 | 0,26 | 0,0000 | | 0,0652218 | A1 |
| 7 | 2,61 | 0,35 | 0,34 | 0,0000 | | 0,0006523 | A0 |
| 8 | 3,08 | 0,42 | 0,43 | 0,0000 | | | |
| 9 | 3,61 | 0,51 | 0,52 | 0,0001 | | | |
| 10 | 4,11 | 0,60 | 0,61 | 0,0001 | | | |
| 11 | 4,64 | 0,70 | 0,70 | 0,0000 | | | |
| 12 | 5,17 | 0,82 | 0,80 | 0,0004 | | | |
| 13 | 5,70 | 0,91 | 0,90 | 0,0002 | | | |
| 14 | 6,20 | 0,98 | 0,98 | 0,0000 | | | |
| 15 | 6,76 | 1,07 | 1,08 | 0,0002 | | | |
| 16 | 7,23 | 1,17 | 1,17 | 0,0000 | | | |
| 17 | 7,73 | 1,25 | 1,25 | 0,0000 | | | |
| 18 | 8,29 | 1,35 | 1,35 | 0,0000 | | | |
| 19 | 8,79 | 1,44 | 1,44 | 0,0000 | | | |
| 20 | 9,25 | 1,52 | 1,51 | 0,0000 | | | |
| 21 | 9,79 | 1,60 | 1,60 | 0,0000 | | | |
| 22 | 10,32 | 1,67 | 1,67 | 0,0000 | | | |
| 23 | | | | | | | |
| 24 | | | | | | | |
| 25 | | | | | | | |
| 26 | **Zone** | **lgD** | **Sollwerte** | | | | |
| 27 | 1 | 0,10 | 0,10 | | | | |
| 28 | 5 | 0,77 | 0,72 | | | | |
| 29 | 8 | 1,30 | 1,29 | | | | |
| 30 | Gamma | 0,57 | 0,56 | | | | |
| 31 | Beta | 0,56 | 0,51 | | | | |

**Abbildung 44: Ausgleichsrechnung**

# 19 Referenzen

## 19.1 Literatur

[1] **Ansel Adams:** Das Negativ; Christian Verlag 1982, ISBN 3-88472-071-6

[2] **Phil Davis:** Beyond the Zone System, 1981 Curtin & London Inc. ISBN 0-930764-23-4
Beyond the Zone System Workbook, 1981 Butterworth Publishers, ISBN 0-240-51771-7
4. und letzte Auflage: Focal Press 1999, ISBN 0-240-80343-4

[3] **Ulrich Clamor Schmidt-Ploch**: Das Negativ in der Schwarzweißfotografie, ISBN 3-8334-1883-4

[4] **Nanette Salvaggio**: Basic Photographic Materials and Processes, 3. Auflage 2009, ISBN 978-0-240-80984-7

[5] **John P. Schaefer:** The Ansel Adams Guide – Basic Techniques of Photography, Book 2, 1998, ISBN 0-8212-2095-0

[6] **Ralph W. Lambrecht, Chris Woodhouse:** Way Beyond Monochrome, 2. Auflage, 2011, ISBN 978-0-240-81625-8

[7] **Richard D. Henry:** Controls in Black and White Photography, 1988 Butterworth-Heinemann, 2. Auflage, ISBN 0-240-51788-1

[8] **Barry Thornton:** Edge of Darkness, 2001 Amphoto Books, ISBN 0-8174-3815-7

[9] **Andreas Weidner:** Workshop – Schwarzweiß-Fotografie nach dem Zonensystem, 1994 Verlag Photographie, ISBN 3-7231-0041-4

[10] **Joachim Giebelshausen:** Bildideen entdecken und gestalten, Gossen GmbH Erlangen, 1. Auflage September 1982

[11] **Bruce Barnbaum:** Die Kunst der Fotografie, dpunkt.verlag 2012, ISBN: 978-3-89864-816-5

[12] **Otto Croy:** Vergrößern mit allen Finessen, 1970, ISBN: 3776311401 (Seite 70)

[13] **Hermann Brix:** Großformat-Fotografie; 2003 , ISBN 3-89506-2413, http://www.grossformatfotografie.com/

[14] Downloadbereich http://buch.fotografie-in-schwarz-weiss.de/

[15] **Andreas Weidner:** Perspektive Fine-Art, 2003, ISBN 3-89506-198-0

[16] **Wolfgang Mothes**: DER REIZ DER BLAUEN STUNDE – Nachtaufnahmen in Schwarzweiss, Fine Art Foto 2/03, Seite 54

[17] **Hollis N. Todd, Richard D. Zakia:** Photographic Sensitometry, Second Edition 1974, ISBN: 0871000008

[18] **Leslie Stroebel:** View Camera Technique, Focal Press 1993, ISBN 0-240-80158-X

[19] **Josef Maria Eder:** Rezepte, Tabellen und Arbeitsvorschriften für die Photographie und Reproduktionstechnik, 1949 Verlag von Wilhelm Knapp, 2. Reprint 1995, ISBN 389506-135-2, (hier

speziell: Tabelle der Temperaturkoeffizienten verschiedener Entwickler)

[20] **L.F.A. Mason:** Photographic Processing Chemistry, 1975 Focal Press Limited, ISBN 0 240 50824 6, (L.F.A. Mason war viele Jahre bei Ilford in der Forschung tätig).

[21] **Barry Thornton:** Edge of Darkness, ISBN 0-8174-3815-7; Kapitel 7

[22] **BTZS DMAX Newsletter**, veröffentlicht von Januar 1992 bis März 2004, auf CD, http://www.viewcamerastore.com/

[23] **Stephen G. Anchell, Bill Troop:** The Film Developing Cookbook, ISBN 0-240-80277-2

[24] **Ausgleichsrechnung**, Methode der kleinsten Fehlerquadrate (Least Square Fit)
http://de.wikipedia.org/wiki/Methode_der_kleinsten_Quadrate
http://de.wikipedia.org/wiki/Ausgleichungsrechnung

## 19.2 Firmenverzeichnis

**FEM-Kunze e.K.**
Foto-Elektronische-Messtechnik
Rudolf-Diesel-Str. 6
86850 Fischbach
Tel.: 08236-96080
Fax: 08236-2199
Mail: fem-kunze@t-online.de

**Heiland electronic GmbH**
Schulstraße 8
35579 Wetzlar
Tel.: 06441-26978
Fax: 06441-26988
Mail: heielec@t-online.de
http://www.heilandelectronic.de/

**X-Rite Deutschland GmbH**
Siemensstrasse 12b
63263 Neu-Isenburg, Deutschland
Telefon +49 61 0279 570
Fax +49 61 0279 5757
http://www.xrite.com

**GREISINGER electronic GmbH**
Hans-Sachs-Strasse 26
D-93128 Regenstauf
Deutschland
Tel.: (09402) 93 83 - 0
Fax: (09402) 93 83 - 33

Mail: info@greisinger.de
http://www.greisinger.de

**Stouffer Industries**
922 So. Cleveland St.
Mishawaka, IN 46544
Phone: 01-574-252-5772
Fax: 01-574-252-5776
Mail: info@stouffer.net
http://www.stouffer.net

**RH Design**
http://www.rhdesigns.co.uk/
Vertrieb durch Heiland electronic GmbH

## 19.3 Verzeichnis der Bilder